TIMOTHY & KATHY
KELLER

Das größte Versprechen

Gottes Ideen zur Ehe

BRUNNEN
Verlag GmbH · Giessen

Titel der amerikanischen Originalausgabe:
On Marriage

Aus dem Amerikanischen übersetzt
von Friedemann Lux

MIX
Papier aus verantwortungsvollen Quellen
FSC® C083411

Lektorat: Uwe Bertelmann
Umschlaggestaltung: Jonathan Maul
Satz: DTP Brunnen
Druck: CPI books GmbH
Gedruckt in Deutschland
ISBN Buch 978-3-7655-4376-0
ISBN E-Book 978-3-7655-7643-0
www.brunnen-verlag.de

*Dieses Buch ist Dr. R. C. Sproul gewidmet,
der uns getraut hat und der uns sowohl
in unserer Theologie als auch in unserer Ehe half,
die richtige Richtung einzuschlagen.*

Inhalt

Der Weg in die Ehe

Warum soll man überhaupt heiraten?

In der presbyterianischen Liturgie zu Trauung heißt es: „Gott hat die Ehe eingesetzt und geheiligt zum Wohl und zum Glück der Menschen."[1] Natürlich ist das richtig, aber damit ist für den modernen Menschen die Diskussion noch nicht beendet.

Die Frage stellt sich uns heute dringender als in früheren Zeiten. Früher war es für die allermeisten Menschen das Normale, dass man heiratete und eine Familie gründete, wenn man ein erwachsenes Glied der Gesellschaft werden wollte. Doch heute schieben junge Erwachsene in den westlichen Ländern Hochzeitspläne auf wie noch nie zuvor. Fast ein Drittel der heutigen jungen Erwachsenen in den USA heiraten erst mit vierzig und 25 Prozent werden es möglicherweise nie tun. Das gab es noch in keiner Generation in der neueren Geschichte.[2] Warum ist das so? Es gibt zwei Gründe, warum viele Ehen nie geschlossen werden: der finanzielle Stress und der Siegeszug des Individualismus in unserer Kultur.

Ehe-Ängste

Der ökonomische Grund liegt in der unter erwachsenen Singles weitverbreiteten Ansicht, dass sie vor einer Heirat ein gesichertes Einkommen in einem guten Beruf haben müssen – und der potenzielle Partner natürlich auch. Dahinter steht die Vorstellung, dass Eheleben kostspielig ist, besonders wenn dann auch noch Kinder kommen. Also: Geh besser nicht zum Traualtar, bevor du nicht ein garantiertes Einkommen, ein Polster auf dem Bankkonto und vielleicht sogar ein ansehnliches Portfolio der Geldanlagen hast.

Sowohl die Statistiken als auch die Erfahrung sagen allerdings etwas anderes. Traditionell hat man nicht geheiratet, weil man eine solide ökonomische Basis hatte, sondern weil man eine bekommen wollte. Die Ehe bringt einzigartige ökonomische Vorteile mit sich. Studien zeigen, dass Ehepaare signifikant mehr sparen als Singles. Sie können einander besser zu Selbstdisziplin erziehen als bloße Freunde. Sie können einander in schwierigen Zeiten besser unterstützen. Alles in allem sind sie dadurch im Durchschnitt körperlich und seelisch gesünder als Singles.

Der Grund für den Rückgang der Bereitschaft, eine Ehe einzugehen, auf den Experten hinweisen, ist der sogenannte „expressive Individualismus"[3]. Dies ist ein Ausdruck, den Soziologen zur Beschreibung eines wachsenden kulturellen Trends popularisiert haben. In traditionellen Kulturen ergab sich die persönliche Identität des Einzelnen aus seinen Beziehungen. Die Frage „Wer bin ich?" wurde durch meinen Platz in der Familie und in der Gemeinschaft beantwortet, vielleicht auch durch meinen Platz in der Welt, den Gott mir gegeben hat. Meine Person bekam ihren Wert in dem Maße, wie ich meinen Pflichten in diesen Beziehungen nachkam. Doch in der Moderne haben wir uns nach innen gekehrt. „Wer ich bin" – wird nicht mehr durch das bestimmt, was andere über mich sagen oder denken. Meine Person bekommt vielmehr dadurch ihren Wert, dass ich meine eigenen tiefsten Wünsche und Gefühle entdecke und zum Ausdruck bringe. Erst wenn ich herausgefunden habe, wer ich bin, kann ich Beziehungen aufnehmen – aber nur mit Menschen, die mich so annehmen, wie ich bin.

Dieses moderne Verständnis unserer Identität wird uns in unserer Kultur auf tausend verschiedene Arten vermittelt. In dem Walt-Disney-Film *Vaiana* (2016) erfährt die Kronprinzessin einer polynesischen Insel von ihrem Vater, dass sie die künftige Königin der Insel ist, die viele traditionelle Pflichten wird erfüllen müssen. Aber Vaiana hat keine Lust, Königin zu werden; sie möchte hinaus aufs Meer fahren auf der Suche nach Abenteuern. Ihre Großmutter singt ihr ein Lied vor, in dem es heißt, dass ihr „wahres Ich" nicht in ihren sozialen Pflichten und Aufgaben liegt, sondern im Ausdruck ihrer innersten Wünsche. Sie sagt Vaiana: Wenn eine „innere Stimme" deinem Herzen befiehlt, seinen Wünschen zu folgen, gilt: „Die Stimme in dir, *das bist du.*"[4]

Diese Botschaft schallt uns heute überall entgegen – in Fernsehen, Kino, Werbung, Schule, Büchern, sozialen Medien und unseren alltäglichen Gesprächen –, bis jeder sie glaubt und sie sozusagen das Evangelium geworden ist, wie man ein authentischer Mensch wird.

Dieses moderne Selbstbild hat erhebliche Auswirkungen auf die Ehe. Es bedeutet, dass wir noch nicht einmal ans Heiraten denken wollen, solange wir unsere eigene Identität noch nicht gefunden haben. Dass jemand anderes bei der Frage mitredet, wer ich bin, kommt nicht infrage; das muss ich alleine rausfinden. Mehr noch: Wir gehen heute davon aus, dass unsere Beziehungen nicht dauerhaft und bindend sind, sondern grundsätzlich provisorisch und jederzeit kündbar und nur so lange Bestand haben, wie sie für beide Partner Vorteile bringen. Wenn aber Unbeständigkeit zum Standard wird, dann hat die Ehe ein Problem – und noch mehr die Kindererziehung. Eine Ehe zu verlassen ist schwierig und die Beziehung zu seinen Kindern aufzukündigen ist praktisch unmöglich. Was, wenn mein Ehepartner oder Kind auf einmal meinem „wahren Ich" im Wege steht?

Viele moderne Menschen heiraten daher nur, wenn sie den Eindruck haben, einen Partner gefunden zu haben, der nicht versuchen wird, sie zu verändern, und der ihnen emotional und finanziell helfen wird, ihre persönlichen Ziele zu erreichen.

Doch es ist eine Illusion zu meinen, dass wir uns nur dann selber finden, wenn wir uns um uns selbst kümmern anstatt um Beziehungen zu anderen Menschen. In jedem menschlichen Herzen schlummern tiefe, vielfältige, zum Teil widersprüchliche Wünsche und Sehnsüchte. Da wohnen Angst und Wut Seite an Seite mit Hoffnung und Sehnsucht und wir versuchen, diese Wünsche zu entwirren und herauszufinden, bei welchen wir sagen müssen: „Das bin nicht ich." Aber was, wenn sie *alle* zu uns gehören? Wie entscheide ich darüber, welche Sehnsüchte zu meinem „Ich" gehören und welche nicht?

Die Antwort ist, dass wir gewisse Personen oder Gruppen bewundern oder respektieren, deren Ansichten uns dazu dienen, die Impulse unseres Herzens zu sortieren und zu bewerten. Mit anderen Worten: Anders, als man uns vermittelt hat, entwickeln wir unsere Identität *nicht* nur in der Nabelschau, sondern auch durch wichtige Beziehungen und durch Narrative, also durch sinnstiftende Erzählungen, die wir aus unserer Umwelt aufnehmen und die die Art, wie wir uns sehen, tief prägen können. Wir schauen eben nicht nur nach innen!

Die traditionelle Sicht von der Ehe war weise; man wusste intuitiv, dass die Ehe die eigene Identität tief prägen, ja umprägen würde. Und das ist etwas Gutes, denn unsere Identität bildet sich immer im Umgang mit wichtigen Bezugspersonen in unserem Leben. Die Psychologin Jennifer B. Rhodes sagt, dass frühere Generationen eher bereit waren, die Entscheidung zu heiraten zu treffen und dann gemeinsam ihre Erfahrungen zu machen.[5] Welche bessere Methode könnte es geben herauszufinden, wer ich bin, als einen Menschen zu heiraten, den ich liebe und achte, und dann zusammen mit ihm das Leben zu lernen?

Man wusste intuitiv, dass die Ehe die eigene Identität tief prägen, ja umprägen würde.

Dass mit der Ehe so lange gewartet wird, beruht also auf zwei Fehleinschätzungen – erstens, dass sie finanziell ein Fass ohne Boden ist, und zweitens, dass sie der vollen Entfaltung unserer Freiheit und Identität im Wege steht.

Die Sozialwissenschaftler haben diese beiden Fehleinschätzungen vielfach widerlegt. Sie haben zeigen können, dass die Ehe uns signifikante Vorteile bringt, sowohl ökonomisch wie psychologisch. Sie haben ferner aufgezeigt, wie wichtig die traditionelle Familie für das Wohlergehen der Kinder ist; es ist viel besser für ein Kind, wenn es mit Eltern aufwächst, die miteinander verheiratet sind. Diese Ergebnisse sollten Christen nicht überraschen.[6] Das 1. Buch Mose berichtet uns, dass Gott schon bei der Erschaffung der Menschheit die Ehe einsetzte. Das darf man nun nicht so verstehen, dass absolut jeder Erwachsene verheiratet sein muss. Jesus war Single, und da er das große Vorbild dafür ist, wie der Mensch sein sollte, können wir nicht (wie manche Kulturen das getan haben) kategorisch fordern, dass man verheiratet sein muss, um ein vollwertiger Mensch zu sein. Wir können aber auch nicht (wie unsere heutige Kultur dies tut) die Ehe als eine während der Steinzeit aufgekommene Institution zum Schutz von Eigentumsrechten betrachten, die wir heute nach Belieben verändern oder ganz abschaffen können.

Der amerikanische Essayist und Kulturkritiker Wendell Berry hat auf die moderne Vorstellung, dass es eine „rein private Entscheidung“ sei, ob man ehelichen oder außerehelichen Sex hat, eine berühmt gewordene Erwiderung gebracht. Er sagte: „Sex ist nicht die ‚Privatangelegenheit‘ des Einzelnen oder des Paares und kann das auch gar nicht sein. Sex geht, wie jede andere notwendige, wertvolle, impulsive und weitverbreitete Kraft, alle an."[7] Außerehelicher Sex führt zu außerehelichen Kindern, oft auch zur Übertragung von Krankheiten, und lässt uns den anderen als Lustobjekt und nicht als Person sehen – lauter Dinge, die die gesellschaftlichen Verhältnisse, die uns alle angehen, erheblich beeinflussen.

Wir wissen, dass dieses Denken nicht der Intuition der Menschen im heutigen Westen widerspricht, aber für die meisten Menschen an den meisten Orten und zu den meisten Zeiten war es ganz normal. Wie ich mich bezüglich der Ehe entscheide, ist eben keine reine Privatsache, sondern hat Folgen für alle meine Mitmenschen.

Die Ehe ist für den Menschen geschaffen worden und der Mensch für die Ehe.

Die große Angst vor dem Scheitern

Es gibt noch einen anderen Grund, der vielfach angeführt wird, um die moderne Ehe-Skepsis zu erklären: „Ich habe miterlebt, wie schwierig die Ehe meiner Eltern war, und ich will nicht, dass es mir auch so geht." Die Angst vor Konflikten und Versagen hält viele davon ab, einen Ehepartner zu suchen, und wenn sie einen suchen, sollte er nahezu frei von persönlichen Fehlern und Schwächen sein. Manche gehen davon aus, dass ihre eigene Ehe mit hoher Wahrscheinlich scheitern wird, wenn ihre Eltern geschieden waren.

Joe Pinsker argumentiert in einem Artikel in *The Atlantic*, dass nicht nur neuere Forschungsergebnisse zeigen, dass dies nicht wahr ist, sondern dass das Miterleben schlechter Ehen einem das nötige Werkzeug an die

Hand geben kann, eine gute Ehe aufzubauen.[8] Er nennt als Beispiel einen Mann namens Justin Lange, der es erlebte, wie seine Eltern sich scheiden ließen und wie anschließend seine Mutter zwei und sein Vater drei neue Ehen einging. Sein Fazit war, dass die Ehe den Menschen überfordere und er besser davon Abstand nehmen solle. Aber dann lernte er eine Frau kennen, verliebte sich und ist heute glücklich verheiratet. Wie ist das zu erklären? „Er führt sein Eheglück darauf zurück ... dass er bewusst *entgegen* dem Beispiel seiner Eltern handelte."[9] Bewusst *nicht* zu tun, was er bei seinen Eltern als falsch erlebt hatte, half ihm, eine gute Ehebeziehung aufzubauen.

Vor allem erkannte er den größten Fehler seiner Eltern: Sie hatten sich verbal lebenslang einander verpflichtet, waren dann aber nicht bereit gewesen, das auch durchzuhalten. Manchmal ist eine Scheidung notwendig und die Bibel erlaubt sie in bestimmten Situationen. Aber Längsschnittstudien zeigen: Wenn sie nicht beendet werden, werden zwei Drittel der unglücklichen Ehen innerhalb von fünf Jahren wieder glücklich.[10] Justin Lange hatte begriffen, dass es eine Illusion war zu meinen, dass es keine Auseinandersetzungen geben würde, wenn er nur die richtige Partnerin finden würde. Er überwand seine Angst vor den Schwierigkeiten, die eine Ehe mit sich bringt. Natürlich wird es in einer Ehe Probleme geben. Er überwand auch seine Angst vor Konflikten. In jeder Ehe

Das Geheimnis besteht darin, sich durch diese Dinge nicht in seiner Entschlossenheit, beirren zu lassen, einander durch all das hindurch zu lieben.

gibt es Konflikte. Das Geheimnis besteht darin, sich durch diese Dinge nicht in seiner Entschlossenheit beirren zu lassen, einander durch all das hindurch zu lieben. Lange wörtlich: „Wir ärgern uns über alles mögliche Banale, aber wird es morgen noch wichtig sein? Lassen Sie sich nicht davon beirren und konzentrieren Sie sich auf die wichtigen Dinge.“[11]

Der missverstandene Sex

Es gibt noch einen weiteren Grund dafür, warum heute vor allem die Männer ein geringeres Interesse haben zu heiraten als in der Vergangenheit – ein Grund, den sowohl die Forscher als auch die Männer selber anführen. Etliche Forscher weisen darauf hin, dass Sex heute viel leichter zu haben ist als früher,[12] und nicht wenige Männer haben uns dies im direkten Gespräch bestätigt: „Früher musste man mehr oder weniger heiraten, um eine sexuelle Beziehung zu kriegen; das ist heute ganz anders.“

Für diese Einstellung ist Sex eine Art Ware, die früher halt teurer war. Man musste seine Unabhängigkeit drangeben, um Sex zu haben. Diesen hohen Preis muss man heute nicht mehr zahlen. Wer so redet, der betrachtet Sex als ein rein körperliches und emotionales Erlebnis, das außerhalb der Ehe genauso gut, wenn nicht sogar besser sein kann als innerhalb.

Gegenüber einem anderen Menschen ganz offen und verletzlich zu sein und trotzdem von ihm geliebt zu sein – das ist das höchste der Gefühle.

Das Christentum hat von seinen

ersten Stunden an ein revolutionäres neues Verständnis von Sex in die Welt gebracht. Sex war jetzt nur *ein* Aspekt der gegenseitigen Selbsthingabe des Paares, wenn auch ein einzigartig schöner, mächtiger und wichtiger. Wenn jemand mich liebt und bewundert, aber eigentlich nicht kennt, dann ist das schön, bedeutet aber nicht viel. Und mein größter Albtraum ist, dass mich jemand ablehnt und nicht liebt, der mich kennt. Aber gegenüber einem anderen Menschen ganz offen und verletzlich zu sein, sodass er in mir lesen kann wie in einem Buch, und trotzdem von ihm geliebt zu sein – das ist das höchste der Gefühle. In der Ehe verlieren die Partner ihre Unabhängigkeit und werden damit verletzlich und voneinander abhängig. Sie enthalten dem Partner nichts von sich selbst vor, sodass ihre Beziehung letztlich nur provisorisch und jederzeit kündbar wäre. Nein, sie geben sich vollständig und mit allem, was sie sind, einander hin – emotional, körperlich, juristisch und ökonomisch.

Die provozierende Sexualethik der frühen Kirche war, dass Sex sowohl ein Zeichen für diese totale Selbsthingabe ist als auch ein Mittel, um sie zu erreichen, und dass er zu keinem anderen Zweck gebraucht werden darf. Wer aus irgendeinem anderen Grund Sex hat, der hat ihn missverstanden. Die Hingabe meines Körpers muss begleitet sein von der Öffnung meines ganzen Lebens für den Partner durch einen lebenslangen Ehebund; nur so – so lehrten es die ersten Christengenerationen – wird der Sex zu dem Akt der Vereinigung und Erfüllung, der er sein sollte.

Dieses neue Motto „Kein Sex außerhalb der Ehe“

schockierte die römische Welt, die es für höchst restriktiv hielt.[13] Aber in Wirklichkeit bedeutete es eine enorme Aufwertung der Sexualität; aus einer bloßen Ware der Lust wurde sie zum Siegel der tiefstmöglichen Gemeinschaft zwischen zwei Menschen, ja zu einer Möglichkeit, den Gott, der sich selbst für uns hingab, zu ehren und ihm ähnlich zu sein, damit wir die Freiheit bekommen, uns ganz und exklusiv ihm hinzugeben.

> *Lasst euch unter keinen Umständen zu sexueller Unmoral verleiten! … Habt ihr denn vergessen, dass euer Körper ein Tempel des Heiligen Geistes ist? Der Geist, den Gott euch gegeben hat, wohnt in euch, und ihr gehört nicht mehr euch selbst. Gott hat euch als sein Eigentum erworben; denkt an den Preis, den er dafür gezahlt hat! Darum geht mit eurem Körper so um, dass es Gott Ehre macht! (1. Korinther 6,18-20)*

Die alten Römer und der moderne Mensch haben gemeinsam, dass sie die biblische Sexualethik für einengend und unattraktiv halten. Aber manches spricht dafür, dass diese scheinbar so überholte Sicht mit unseren tiefsten Intuitionen über den Sex übereinstimmt.

Super-einvernehmlicher Sex

In der *New York Times* beschrieb eine Frau eine sexuelle Begegnung mit einem Mann, den sie über die Dating-App Tinder kennengelernt hatte. Sie war fast dreißig, er vierundzwanzig. Der Altersunterschied schien nicht weiter wichtig zu sein, bis er anfing, „mich bei allem und jedem vorher um Erlaubnis zu fragen".[14] Er fragte sie, ob er ihr den Pullover ausziehen durfte. Nachdem Sie Ja gesagt hatte, bat er um die Erlaubnis, ihr auch ihr Tanktop auszuziehen, dann den BH. Musste der Kerl wegen jeder Kleinigkeit erst einen Antrag stellen? Aber in der „sexuellen Erziehung" junger Männer war es zu einem „dramatischen Wandel" gekommen, sodass sie auf Nummer sicher gingen und für alles Mögliche die verbale Erlaubnis der Partnerin einholten. Als alles vorbei war, kommentierte die Frau: „Ich hatte es eigentlich sogar gemocht. Ich war es nicht gewohnt gewesen, dass jemand so rücksichtsvoll zu mir war."[15] Es war ihr sehr intim vorgekommen.

Doch als sie ihm danach eine SMS schickte, reagierte er überhaupt nicht. Er „ghostete" sie. Als sie sich deswegen bei ihren Mitbewohnerinnen beklagte, konnten die sie nicht verstehen. „Dass er mich immer wieder um Erlaubnis fragte", erklärte sie, „machte den Geschlechtsverkehr irgendwie zu etwas Heiligem – und dann stellte er sich einfach tot." Ihre Mitbewohnerinnen verstanden nicht, warum sie sich so verletzt fühlte, aber

> *... in den folgenden Tagen und Wochen musste ich denken, dass unsere gegenwärtige Kultur einen zu engen Begriff von „Einvernehmlichkeit" hat. Einvernehmlichkeit funktioniert nicht, wenn wir sie rein auf das Sexuelle beschränken. Unsere Körper*

sind doch nur ein Teil der komplexen Konstellation unseres Ichs. Unser Verständnis von Einvernehmen nur auf den Körper zu beschränken, heißt doch, dass Rücksichtnahme nur das Physische angeht. Ich wünschte mir, wir könnten Einvernehmlichkeit als etwas betrachten, bei dem es ... mehr um die Rücksichtnahme auf die Person des anderen, auf die ganze Person geht ... Ich glaube nicht, dass viele von uns Ja sagen würden, wenn man sie fragte: „Ist es in Ordnung, wenn ich mich so verhalte, als ob du mir wichtig bist, und dann einfach verschwinde?"[16]

Wenn das, was die Bibel über Gottes Plan für die Ehe und die Sexualität sagt, wahr ist, dann kann der Bericht dieser Frau uns nicht überraschen. Einander den Körper hingeben, ohne das ganze Leben hinzugeben, bedeutet, die Ganzheit unseres Ichs nicht zu sehen. Wir können den Leib nicht vom Ganzen abtrennen. Sex sollte immer eine gegenseitige Hingabe des Lebens sein. Den Körper jemandem hinzugeben, der sich die Freiheit herausnimmt, anschließend zu verschwinden und sich nicht mehr zu kümmern, nimmt uns menschliche Würde.

Christen haben das tiefste und umfassendste Verständnis von „Einvernehmen", das möglich ist. Wenn Christen sagen, dass der Sex in die Ehe und nur in die Ehe gehört, meinen sie damit, dass er super-einvernehmlich zu sein hat.

Partnersuche – aber richtig

Wie bahnt man also eine Ehe an? Die meisten Leser würden antworten: „Na, indem man den richtigen Partner sucht." Doch diese Antwort ist typisch modern. Früher suchten die Verwandten einem den Partner aus. Noch vor hundert Jahren waren die Optionen des Heiratswilligen, auch wenn er dann selber die endgültige Wahl traf, recht begrenzt. Die meisten Menschen lebten in kleineren Gemeinschaften als heute. Der Pool an potenziellen Ehepartnern war deutlich kleiner, und praktisch alle von ihnen konnte man über Jahre hinweg beobachten, durch persönliche Gespräche und Begegnungen.

Das war einmal. Wer heute in eine Dating-App wie zum Beispiel OkCupid geht, ist auf einen Schlag in der Gesellschaft von 30 Millionen anderen Usern. Die Zahl der potenziellen Partner ist schwindelerregend. Wie um alles in der Welt soll jemand sich da entscheiden? Und wenn man dann die Schwellenängste überwunden hat, kann die Methode, Tausende von Menschen nicht in der direkten Begegnung, sondern online zu prüfen, die Partnersuche zu einer Art Shopping-Tour machen. Aus Personen werden Produkte, die man in Bezug auf Größe, Gewicht, Aussehen usw. miteinander vergleicht.

Aber das Problem geht noch tiefer. Auch ohne soziale Medien neigen wir dazu, so vorzugehen. Ein Single, der einen Raum betritt, in dem andere Singles sind, sortiert diese instinktiv nach ihrem Aussehen und ihrem vermuteten finanziellen Status. Danach schauen wir ein zweites Mal in die Runde, um die, die in unserem „Pool" übrig geblieben sind, nach solchen Dingen wie Charakter oder möglicher „Zuneigung“ zu bewerten. Das Problem ist, dass wir bereits im ersten Schritt Kandidaten aussortiert haben, deren Wesen und Charakter dem entsprochen hätte, was wir suchen.

Soziale Medien und Dating-Apps verstärken diese kontraproduktive Strategie nur um ein Vielfaches. Ein Hauptproblem ist dabei, dass die Menschen, die wir uns online anschauen, uns ein sehr geschöntes Bild von sich bieten. Wir suchen nach Charakter und jemandem, der zu uns passt, aber, wie ein Forscher betont, „es gibt keinerlei Beweise dafür, dass das online möglich ist“. Stattdessen, so Eli Finkel von der Northampton University, kommt es online zu jeder Menge Fehlannahmen. „Sie denken, dass Sie genau wissen, was Sie wollen, aber was es wirklich braucht, ist, dass Sie einander bei einer Tasse Kaffee leibhaftig gegenübersitzen.“[17]

Heißt das, dass man besser nicht im Internet Kontakte suchen sollte? Nicht unbedingt, aber das einzige vernünftige Vorgehen bei der Partnersuche ist, dass man erstens der Shopping-Methode widersteht, die nur auf das Aussehen und das Portemonnaie des potenziellen Partners schaut, und zweitens Möglichkeiten findet, „einander gegenüberzusitzen“, um sich kennenzulernen.

Und wenn Sie es geschafft haben und einem potenziellen Partner gegenübersitzen – wonach suchen Sie?

1. Wenn Sie Christ sind, suchen Sie unbedingt einen Partner, der ebenfalls Christ ist.

Aber ist diese Haltung nicht ein Vorurteil? Keineswegs. Wenn jemand Ihren christlichen Glauben nicht teilt, bedeutet dies, dass er ihn nicht versteht. Und wenn Ihr Glaube Ihr Denken und Leben entscheidend beeinflusst, bedeutet dies sogar, dass der oder die andere *Sie* nicht versteht. Zu einer guten Ehe gehört unbestritten, dass man „auf einer Wellenlänge funkt" – aber wie soll das möglich sein, wenn die beiden Partner unterschiedliche Religionen haben? Zu einer engen Beziehung kann es hier nur dann kommen, wenn der Christ bereit ist, Jesus in seinem Denken und Alltag nicht mehr so zentral sein zu lassen wie bisher.

In 2. Korinther 6,14 sagt Paulus den Christen: „Zieht nicht in einem fremden Joch mit den Ungläubigen!"[18] Das Bild kommt aus der antiken Landwirtschaft. Da spannt ein Bauer, der ein Feld pflügen oder einen Wagen gezogen haben will, zwei unterschiedliche Arten von Zugtieren – sagen wir, einen Ochsen und einen Esel –, die verschieden groß und schwer sind und eine unterschiedliche Gangart haben, in *einem* Joch zusammen. Die Sache wird nicht funktionieren; anstatt die vereinte Kraft des Teams optimal nutzbar zu machen, wird das schwere Joch beide Tiere wundscheuern. Ganz ähnlich kann eine Ehe zwischen einem praktizierenden Christen und einem Nichtchristen für beide eine schmerzliche Zumutung werden.

2. Suchen Sie jemanden, den Sie auch dann noch attraktiv finden werden, wenn der Körper die jugendliche Frische verliert.

Die gegenseitige körperliche Anziehung sollte in einer Ehe wachsen, aber ihr Fundament sollte eine tiefere Anziehungskraft sein. Im Hohenlied Salomos in der Bibel sagt der Liebhaber: „Du hast mir das Herz genommen mit einem einzigen Blick deiner Augen" (Hoheslied 4,9[19]). Das Hohelied besingt die sexuelle Liebe in allen Schattierungen, aber der Körperteil, der die größte Aufmerksamkeit der Liebenden erregt, sind die Augen des Partners – und zwar nicht so sehr ihre äußere Ausformung, sondern ihr *Blick*, der den Charakter und die Persönlichkeit des oder der Geliebten enthüllt. Wenn unser Körper altert und seine jugendliche Frische verliert, kann gleichzeitig der Blick der Augen nachdenklicher und weiser, fröhlicher und liebevoller werden. Von den Augen eines Menschen gefesselt sein heißt von seinem Herzen angezogen sein.

Der romantischen Liebe sollte der Körper nicht egal sein, aber er darf nicht das Einzige oder Wichtigste sein.

Der romantischen Liebe sollte der Körper nicht egal sein, aber er darf nicht das Einzige oder Wichtigste sein, denn auf lange Sicht kann niemand sein Aussehen unverändert erhalten. In 2. Korinther 4,16 verrät Paulus uns, dass der Christ, wenn sein Leib unweigerlich älter und schwächer wird, innerlich stärker und schöner werden kann. Je mehr wir unseren Blick auf die innere Schönheit unseres Partners richten, umso attraktiver wird er für uns werden, auch wenn seine rein körperliche Attraktivität im Laufe der Jahre zurückgeht.

3. Bevor Sie heiraten, holen Sie die Meinung Dritter über Ihre Beziehung ein.

Früher geschah es selten, dass man sich in jemanden verliebte, den die Verwandten und Freunde nicht kannten. Dadurch ergab sich ganz natürlich ein Feedback zu der Beziehung von den anderen, denen beide Partner vertraut waren. Heute sind wir mobile Menschen, die ihren Wohnort häufig wechseln und per Handy miteinander verbunden sind. Viele der Menschen, die uns im Alltag persönlich begegnen, kennen uns eigentlich gar nicht, während umgekehrt viele der Menschen, die uns am längsten gekannt haben, weit weg von uns wohnen und uns nur noch am Telefon oder online erleben, sodass langjährige Freunde oft nicht mehr wissen, wie es uns wirklich geht.

Das Ergebnis ist, dass wir mehr Entscheidungen in einem Vakuum treffen, darunter auch Entscheidungen über die Liebe und das Heiraten. Aber die Ehe ist etwas zu Wichtiges, um sie einzugehen, ohne auf den Rat anderer zu hören. Andere Ehepaare haben bereits Weisheit und Erfahrung gesammelt, sodass wir davon profitieren können. Nutzen Sie diese Weisheit; lassen Sie sich von den Ehepaaren in Ihrem Leben Rat geben.

Ein guter Start in die Ehe

Wenn Sie geheiratet haben, wie legen Sie das Fundament für eine lange, beglückende Ehe?

Vor unserer Trauung hörte Kathy tausendmal den Spruch, dass ihr Hochzeitstag „der glücklichste Tag ihres Lebens“ sein würde. Wir hofften, dass das nicht stimmen würde! Jeder neue Tag nach unserer Hochzeit ist ein Tag gewesen, an dem wir einander besser kennengelernt haben, aufeinander zugegangen sind und einander gedient haben. Jeder Tag war eine neue Gelegenheit, zu lernen und die Früchte der Buße und der Vergebung noch mehr zu genießen.

Möglicherweise hat uns hier eine Bemerkung beeinflusst, die R. C. Sproul – der Pastor, der uns traute – einmal machte: „Vesta und ich sind jetzt fünfzehn Jahre lang verheiratet, und wir haben den Eindruck, wir haben den Dreh so langsam raus.“ Auf den ersten Blick klingt das etwas entmutigend – fünfzehn Jahre Ehe und sie haben erst so langsam den Dreh raus? Heute, wo wir selber seit 45 Jahren verheiratet sind, denken wir eher, dass er unterschätzt hat, wie lange es wirklich dauert, das Herz und die Lebensrhythmen des Partners kennenzulernen, sich selbst um der Beziehung willen zu verleugnen und die „Liebessprachen“ des Partners zu studieren. Aber egal, wie lang oder wie kurz die Lernkurve ist, jede Ehe muss gut anfangen, um im Laufe der Zeit besser werden zu können. Im Folgenden einige (es sind nicht die einzigen!) wichtige Gewohnheiten, Prinzipien und Einstellungen, die sich die Frischvermählten von Anfang an zu eigen machen sollten.[20]

1. Gehen Sie nie unversöhnt zu Bett. Dies ist längst ein Klischee, aber es hat die Bibel eindeutig auf seiner Seite. Kein Geringerer als Paulus hat in Epheser 4,26 die Christen angewiesen: „Legt euren Zorn ab, bevor die Sonne untergeht." Will sagen: Anstatt ihre Unzufriedenheit zu verdrängen und zu verstecken, sollten Sie und Ihr Partner sich gewisse neue Fertigkeiten aneignen. Erstens: Lernen Sie es, auf eine Art auszudrücken, was Ihnen zu schaffen macht, sodass es der Wahrheit entspricht, aber den Partner nicht angreift. Zweitens: Lernen Sie es, sich ehrlich dafür zu entschuldigen, wenn Sie Ihren Partner verletzt haben. Achten Sie dabei darauf, weder Ihr eigenes Verhalten schönzureden, noch sich so schlecht zu machen, dass Ihr Partner sagt: „Vergiss, dass ich das erwähnt habe." Und drittens müssen Sie es lernen zu vergeben und Vergebung entgegenzunehmen.

„Legt euren Zorn ab, bevor die Sonne untergeht" (Epheser 4,26).

Die Mediziner gehen davon uns, dass der Nachtschlaf die Zeit ist, wo sich zu Erinnerungen und Gewohnheiten verfestigt, was wir im Laufe des Tages gelernt und erlebt haben. Wenn Sie sich mit Wut im Bauch über Ihren Partner schlafen legen, nähren Sie den Groll in Ihrer Seele. Machen Sie das oft genug, frisst dieser Groll sich fest und kann bis zum Hass gehen. Wie Sie es vermeiden, wütend zu Bett zu gehen? Siehe Hinweis Nr. 2.

2. Beschließen sie den Tag mit gemeinsamem Gebet. Man kann schlecht beten, wenn man innerlich kocht. Selbst wenn Sie lediglich ein paar Minuten lang Gott um seinen Segen für Ihre Familie und Ihr Leben bitten, müssen Sie Ihren Groll ablegen, um in Gottes Gegenwart treten zu können.

3. Schenken Sie einander viel Sex. Sie meinen, dass muss man einem frisch verheirateten Paar nicht zweimal sagen? Nun, mit der sexuellen Energie ist es so wie mit anderer Energie auch; wenn wir müde sind, ist es leicht, die Sache zu vergessen oder auf einen „günstigeren Zeitpunkt" zu verschieben. Aber ein Paar, das sich nicht mehr intim berührt, kann einander entfremdet werden. Wir haben gerade das Wort „schenken" mit voller Absicht benutzt. Wir sind doch alle schon der Legende aufgesessen, dass beide Partner *gleichzeitig* von wilder Leidenschaft gepackt sein müssen, aber Tatsache ist, dass meistens der eine Partner gerade mehr Lust auf Sex hat als der andere. In solchen Fällen kann der weniger interessierte Partner den Sex dem anderen zum *Geschenk* machen. Paulus, der selber überzeugter Junggeselle war, hat daraus eine biblische Anweisung gemacht, die die damalige Kultur herausforderte:

> *Der Mann darf sich seiner Frau nicht verweigern, und genauso wenig darf sich die Frau ihrem Mann verweigern. Nicht die Frau verfügt über ihren Körper, sondern der Mann, und ebenso verfügt nicht der Mann über seinen Körper, sondern die Frau. Keiner von euch darf sich seinem Ehepartner entziehen, es sei denn, ihr beschließt gemeinsam, eine Zeitlang auf den ehelichen Verkehr zu verzichten, um euch ganz auf das Gebet zu konzentrieren. Aber danach sollt ihr wieder zusammenkommen; sonst könnte euch der Satan in Versuchung bringen, weil es euch*

schwerfallen würde, euer sexuelles Verlangen zu kontrollieren (1. Korinther 7,3-5).

In einer Welt, wo alle sexuellen Privilegien beim Mann lagen, besteht Paulus darauf, dass Ehemänner *und* -frauen das gleiche Recht am Körper des anderen haben und dass es nicht gut ist, sich einander sexuell zu „verweigern", es sei denn nach gegenseitiger Übereinkunft und selbst dann nur für kurze Zeit.

4. Treffen Sie bewusste Entscheidungen über Ihr Familienleben und Ihre Familientraditionen. Als Sie aufwuchsen, haben Sie Ihre Eltern oder andere Erwachsene in ihren Rollen als Mann und Frau, Ehemann und Ehefrau, Eltern, Großeltern usw. beobachtet. Sie werden unweigerlich diese Vorbilder mit in Ihre Ehe bringen: *So* behandelt ein Ehemann seine Frau, *so* feiert man „richtig" Geburtstag, im Urlaub fährt man ans Meer ... Diese Dinge haben im Großen wie im Kleinen Auswirkungen auf Ihr Leben als Paar, und daher ist es am besten, wenn Sie sie sich bewusst machen, kritisch untersuchen und als Paar festlegen, wie Ihre eigene junge Familie diese Dingen handhaben will.

Dinge nicht so handhaben wie in der eigenen Herkunftsfamilie.

Als wir heirateten, brachte Kathy das Bild Ihres Vaters mit in die Ehe. Der hatte samstags immer das Frühstück gemacht, damit seine Frau ausschlafen konnte, und war Weltmeister im Windelnwechseln (bei fünf Kindern hatte er jede Menge Übung gehabt!). Tim dagegen war in einer Familie aufgewachsen, wo der Vater jeden Morgen um fünf seine Arbeit antreten musste, sodass er abends, wenn er nach Hause kam, fix und fertig war. Er verdiente den Lebensunterhalt für die Familie, den Rest machte seine Frau. Kurz nachdem unser erster Sohn zur Welt kam, nahmen Tims Eltern ihn beiseite; sie hatten Sorgen, dass er in Gefahr stand, zum Pantoffelhelden zu werden, weil Kathy ihn gebeten hatte, eine Windel zu wechseln. Er sagte fest: „Ihr Lieben, danke für euer Mitdenken, aber in unserer Familie machen wir manches anders, als das bei euch war."

Wann packen Sie Ihre Weihnachtsgeschenke aus – am Heiligabend oder erst am Weihnachtsmorgen? Das müssen Sie selber entscheiden. Nach dem Aufstehen als Erstes das Radio oder den Fernseher einschalten oder nicht? (Kathy stieß einen Urschrei aus, als Tim beim ersten Aufwachen in unserer ersten Wohnung das Radio einschaltete. Das hätten wir wohl besser vorher abgeklärt ...)

Nein, wir reden hier nicht von der widerlichen Praxis, über alles und jedes im Haushalt Buch zu führen und zu prüfen, ob jeder seinen Job gemacht hat und jeder seine Abmachungen eingehalten hat. Auf die Geschlechterrollen werden wir gleich noch zu sprechen kommen und haben darüber auch an anderer Stelle ausführlich geschrieben.[21] Hier reden wir darüber, neue Traditionen zu schaffen, die für *Ihre* Familie die richtigen sind, und nicht davon auszugehen, dass die Dinge so gehandhabt werden wie in der eigenen Herkunftsfamilie.

5. Und schließlich: Lernen Sie Ihre „Liebessprachen". Eines der wichtigsten Bücher, die wir je gelesen haben, war *How Do You Say „I Love You"?* von Judson Swihart.[22] Ziemlich am Anfang des Buchs erzählt der Autor das Beispiel eines Deutschen, der zu einem Mädchen, das nur Französisch spricht, sagt: „Ich liebe dich." Er liebt die junge Dame, aber sie spürt nichts davon, weil er seine Liebe buchstäblich nicht in einer Sprache ausdrücken kann, die sie versteht. Was laut Swihart nur natürlich ist, denn die meisten Menschen sprechen nur die Sprachen, die sie selber verstehen.

Er fährt fort – nach unserer Erfahrung völlig zu Recht –, dass jeder von uns auf ganz bestimmte Arten geliebt werden will. In unserem Ehevorbereitungsgespräch erzählte R. C. Sproul uns als Beispiel die folgende Geschichte aus seiner eigenen Ehe. Er hatte demnächst Geburtstag und spekulierte darauf, dass seine Frau ihm einen neuen Satz Golfschläger schenken würde – etwas, was er sich nicht selber gekauft hätte. Doch seine Vesta, praktisch veranlagt wie immer, schenkte ihm sechs neue weiße Oberhemden. Als dann *ihr* Geburtstag kam, überraschte er sie mit einem schicken neuen Mantel; er war sicher, dass sie begeistert wäre. Aber sie hatte auf eine neue Waschmaschine gehofft. Sie hatten beide die „Liebessprache" des anderen verfehlt, weil sie nur ihre eigene kannten.

Wenn bei uns Tim Kathy aktiv im Haushalt unterstützt, ist das für sie ein viel schöneres Gefühl, als wenn er ihr mit tausend Worten beteuert, wie sehr er sie liebt oder ihr sogar ein Geschenk kauft. Das heißt: Wenn er ihr auf diese Art „sagt", dass er sie liebt, fühlt sie sich deutlich mehr geliebt, als wenn er es auf eine andere Art ausdrückt. Er spricht ihre Sprache. Swihart und andere Autoren nennen eine ganze Liste von „Liebessprachen“: Zeit füreinander haben, den anderen sein Herz ausschütten lassen, liebe Worte, Berührungen, solidarisch sein, das Beste im anderen suchen und noch viel mehr. Es ist sehr wichtig, dass Sie die bevorzugten Liebessprachen Ihres Ehepartners herausfinden und es lernen, sie fließend zu „sprechen“, selbst wenn Sie sie persönlich nicht so wichtig finden.

Die Liebessprachen des Ehepartners fließend sprechen lernen, selbst wenn Sie sie persönlich nicht so wichtig finden.

Also: Sprechen Sie über diese fünf Tipps, finden Sie Ihren gemeinsam Weg und dann fangen Sie an, die Dinge umzusetzen. Dann wird Ihre Ehe auf eine gute Spur kommen.

Die lange Reise der Ehe

Die Bibel beginnt mit einer Trauung im 1. Buch Mose und endet mit dem großen Hochzeitsmahl des Lammes in der Offenbarung des Johannes. Das christliche Verständnis ist, dass die Ehe uns auf Gott und das Evangelium verweist – und dass gleichzeitig das Evangelium uns gibt, was wir brauchen, um eine gute Ehe zu führen. Hier die erste Trauung, wie sie uns im 2. Kapitel des 1. Buchs Mose überliefert ist:

> *Dann sagte Gott, der* HERR*: „Es ist nicht gut, dass der Mensch allein ist. Ich will jemand schaffen, der ihm beisteht und ihm ein Gegenüber ist." Gott, der* HERR*, formte aus Erde alle möglichen Arten von Landtieren und Vögeln und brachte sie zum Menschen, um zu sehen, welche Namen er ihnen geben würde. Denn so, wie der Mensch die einzelnen Lebewesen nannte, sollten sie heißen. Der Mensch gab den Nutztieren, Vögeln und wilden Tieren ihre Namen, aber ein Wesen, das ihm beistehen und sein Gegenüber sein konnte, war nicht darunter. Daraufhin ließ Gott, der* HERR*, den Menschen in einen tiefen Schlaf fallen. Er entnahm ihm eine Rippe und füllte die Stelle mit Fleisch. Aus der Rippe formte Gott, der* HERR*, eine Frau und brachte sie zum Menschen. Da rief der Mensch aus: „Das ist sie! Endlich jemand, der mir gleicht und zu mir passt! Sie soll ‚Frau' hei-*

ßen und ich ‚Mann' – wir gehören zusammen, denn sie wurde aus einem Stück von mir gemacht." Darum wird ein Mann seinen Vater und seine Mutter verlassen und sich mit seiner Frau verbinden. Die zwei sind dann eins mit Leib und Seele. Der Mann und seine Frau waren beide nackt, aber sie schämten sich nicht voreinander (1. Mose 2,18-25).

Schauen wir uns diesen Text an, um zu sehen, was eine Ehe braucht, die langfristig, über Jahrzehnte hinweg, gelingt. Der Text nennt drei Dinge:

Den Partner nicht vergöttern

Zur Trauzeremonie gehört es oft, dass die Braut von einem sogenannten Brautführer (zum Beispiel ihrem Vater oder beiden Eltern) zu ihrem Bräutigam gebracht wird. 1. Mose 2 zeigt uns, dass diese Tradition bis in den Garten Eden zurückreicht. Hier ist Gott selber der Brautvater, der die Frau zu ihrem Mann führt.

Und als Adam Eva erblickt, wird seine Sprache poetisch und er spricht das erste Gedicht der Welt. In manchen Bibelausgaben ist dies eingerückt gedruckt. Beim Anblick seiner Frau bricht es aus Adam förmlich heraus.

Im hebräischen Urtext beginnt er mit dem Wort für „endlich" – durchaus in dem Sinne von: „Es wurde auch Zeit." Adam sagt: „Das habe ich die ganze Zeit gesucht! Das ist es, was mir gefehlt hat!" Und was ist das? Vers 23 lautet wörtlich: „Dieses endlich ist Gebein von meinem Gebein und Fleisch von meinem Fleisch." Mit anderen

Worten: „In dir habe ich mich selbst gefunden. Indem ich dich kennenlerne, kann ich endlich mich selber kennenlernen." Als Adam diese Worte spricht, ist er noch im Paradies, wo er eine perfekte Beziehung zu Gott hat. Aber dass er jetzt eine Ehefrau und Partnerin hat, lässt eine solche fundamentale Saite in ihm – und in uns – anklingen, dass er in ein poetisches Loblied ausbricht. Hier tritt uns etwas entgegen, das sehr wichtig ist und das wir unbedingt verstehen müssen, wenn wir auf Dauer gesehen eine gute Ehe führen wollen.

John Newton, bekannt durch sein Lied „Amazing Grace", war im 18. Jahrhundert Pastor in England. Der bekehrte ehemalige Sklavenhändler war ein weiser Seelsorger, der unter anderem mehrere Briefe an ein frisch verheiratetes junges Paar schrieb. Newton hat mehr als einem jungen Ehepaar gesagt, dass man versucht ist zu denken, dass eine schlechte Ehe das größte Problem ist, das man haben kann. Für das geistliche Leben, so Newton, kann allerdings eine richtig gute Ehe eine genauso große Gefahr darstellen. Er schreibt:

Mit solch einem liebenswürdigen Ehegefährten besteht die größte Gefahr für Euch möglicherweise darin, dass Ihr zu glücklich werdet. O, die Tücke unseres Herzens, die uns dann, wenn es uns gut geht, in die größte aller Gefahren führt: dass wir weggehen von der Quelle des lebendigen Wassers und uns an rissigen Zisternen niederlassen. Erlaubt mir, Euch beide zu warnen: Hütet Euch vor der Abgötterei!

> *Sie hat mir viel Schmerzen gebracht, mich mit vielen eingebildeten Ängsten geplagt und mir viel Anlass zu echter Demütigung und Kummer gebracht … Der alte Sauerteig, jene Neigung, den alten Bund der Werke zu wählen, klebt immer noch an mir.*[23]

Worüber redet Newton hier? Er benutzt ein Bild aus der Bibel. Zisternen waren in der Antike offene Wasserbehälter aus Stein bzw. Kalkputz, die zum Auffangen von Regenwasser dienten, das dann in Haus und Landwirtschaft benutzt wurde. Wenn so eine Zisterne Risse bekam, sickerte das kostbare Wasser nutzlos hinaus. „Zisternen, die rissig sind" (Jeremia 2,13) war ein Bild, das die alttestamentlichen Propheten benutzten, um Menschen zu beschreiben, die ihre tiefste Befriedigung und Sicherheit nicht in Gott suchen, sondern in den Dingen dieser Welt. Der Frau am Jakobsbrunnen erklärte Jesus, dass sie ihren inneren Durst weder durch Liebesbeziehungen noch durch die Ehe stillen konnte, sondern allein durch ihn, die Quelle des Lebens (Johannes 4,14).

Newton sagt, dass eine gute Ehe in der Gefahr steht, mein Herz von Gott weg und zu meinem Partner hinzuziehen, der mir scheinbar mehr Liebe, Sicherheit und Freude bietet. Und nicht nur das, sondern Newton redet sogar davon, dass eine gute Ehe einen zurück in den „alten Bund der Werke" führen kann. Was meint er damit?

„Bund der Werke" ist ein alter theologischer Fachausdruck für ein religiöses System, in welchem ich mir meine Erlösung durch meine moralischen Leistungen verdiene.

Man sagt zu sich selbst: „Gott wird mich segnen und zum Schluss in den Himmel holen, weil ich das verdient habe, und ich habe es verdient, weil ich ein anständiges Leben führe." Das christliche Evangelium ist diesem Denken genau entgegengesetzt. In der Bibel lesen wir: „Durch Gottes Gnade seid ihr gerettet, und zwar aufgrund des Glaubens. Ihr verdankt eure Rettung also nicht euch selbst; nein, sie ist Gottes Geschenk. Sie gründet sich nicht auf menschliche Leistungen, sodass niemand vor Gott mit irgendetwas großtun kann" (Epheser 2,8-9).

Als anglikanischer Pfarrer wusste John Newton dies in- und auswendig – jedenfalls in seinem Kopf. Aber im praktischen Leben führte ihn die Vergötterung seiner Frau und Ehe zurück in einen Bund der Werke. Das kann auch uns passieren. Wie das geht? Ich erwarte, dass mein Ehepartner mir das gibt, was allein Gott mir geben kann. Ich fange an, mein Selbstwertgefühl immer mehr daraus zu speisen, dass mein Ehepartner mich liebt, achtet und bejaht. Mit anderen Worten: Ich mache meinen Partner zu meinem „Heiland". Und damit falle ich in einem gewissen Sinne zurück in den „Bund der Werke".

Es ist leicht, eine große Sache zur größten Sache in meinem Leben zu machen.

Das geschieht leicht, weil die Ehe etwas so Wunderbares ist. Es ist leicht, eine große Sache zur größten Sache in meinem Leben zu machen.

Newton sagt, dass dies zu viel Ängsten, Demütigung und Kummer führt. Wie meint er das? Nun, ich setze meinen angehimmelten Partner unter einen ungeheuren

Druck, pausenlos gesund, glücklich, lieb und positiv zu sein. Aber das ist eine Erwartungshaltung, der niemand gerecht werden kann. Jede Kritik von meinem Partner ist dann für mich vernichtend. Wenn es einmal ein Problem in unserer Ehe gibt, bin ich am Boden zerstört. Wenn das Eheleben nicht pausenlos perfekt ist, droht das Haus meines Lebens einzustürzen. Und wenn dann der geliebte Mensch stirbt – wie um alles in der Welt soll mein „Gott" mich mit seiner Liebe trösten können, wenn er oder sie im Sarg liegt?

Was tun? Die Lösung ist nicht, dass ich mich bemühe, meinen Partner weniger zu lieben. Sie besteht vielmehr darin, dass ich Gott *mehr liebe*. C. S. Lewis schreibt:

> *Wahrscheinlich ist es unmöglich, einen Menschen „zu sehr" zu lieben. Wir lieben ihn vielleicht zu sehr im Verhältnis zu unserer Liebe zu Gott; aber nicht die Größe unserer Liebe zu dem Menschen ist falsch, sondern die Kleinheit unserer Liebe zu Gott.*[24]

Eine Ehe kann uns zugrunde richten, wenn wir nicht eine echte, existenzielle Liebesbeziehung zu Gott haben.

In traditionellen Gesellschaften ist man ein Niemand, wenn man nicht verheiratet ist, aber der christliche Glaube wurde von einem Mann begründet, der ledig war. Im 1. Korintherbrief sagt Paulus sinngemäß: „Du willst heiraten? Gut. Du bist unverheiratet? Auch gut." Für Paulus ist die Beziehung, die der ledige Christ durch Christus zu Gott bekommen hat, so intim und die Beziehung zu seinen christlichen Brüdern und Schwestern in der Familie Gottes kann so eng sein, dass es falsch ist, ihn als jemanden zu bedauern, der „keine Familie hat“ oder der die schönste Liebe, die es gibt, verpasst.

Und so ist das Erste, was wir zu einer *guten* Ehe brauchen, paradoxerweise, dass wir erkennen, dass sie nur das Vorletzte ist, nicht das Letzte, nicht das Wichtigste im Leben. Aber das ist nur der erste Gedanke.

Geduld für eine lange Reise

In 1. Mose 2,18 lesen wir, wie Gott sagt: „Es ist nicht gut, dass der Mensch allein sei; ich will ihm eine Hilfe machen, die ihm entspricht.“[25] Das mit „Hilfe“ übersetzte hebräische Wort, *ezer*, wird in der Bibel regelmäßig zur Bezeichnung militärischer Verstärkungen benutzt. Stellen Sie sich vor, Sie gehören zu einer kleinen Truppe, die einem weit überlegenen Feind gegenübersteht. Plötzlich sehen Sie, wie eine Verstärkung heraneilt, um Sie herauszuhauen. Stellen Sie sich Ihre Freude und Erleichterung vor! Ohne die Verstärkung wären Sie erledigt gewesen. Das ist die Bedeutung des Wortes *ezer*, das übrigens an etlichen Bibelstellen Gott bezeichnet. „Helfer“ bedeutet hier also nicht „Assistent“, sondern jemand, der Kräfte zur Verfügung stellt, die ich selber nicht habe. Dies ist das Wort, das die Bibel zur Bezeichnung der ersten Ehefrau in der Menschheitsgeschichte gebraucht.

„Ich will ihm eine Hilfe machen, die ihm gleich und entgegengesetzt ist.“ (1. Mose 2,18)

Aber es gibt hier noch ein anderes Wort: „Ich will ihm eine Hilfe machen, die ihm *entspricht.*“[26] Hier lohnt sich ein Blick in den hebräischen Urtext, um den ganzen Bedeutungsumfang des Verses auszuloten. Für das „entspricht“ gibt es im hebräischen Original gleich zwei Wörter in diesem Satz. Wörtlich steht hier: „Ich will ihm eine Hilfe machen, die ihm *gleich und entgegengesetzt* ist.“ Auf den ersten Blick sieht das wie ein Widerspruch aus: Soll es nun „gleich“ oder „entgegengesetzt“ heißen? Wir kommen der Sache näher, wenn wir an zwei Puzzleteile denken. Zwei Puzzleteile passen nicht zusammen, wenn sie identisch sind, aber auch nicht, wenn sie willkürlich verschieden sind. Sie passen nur dann richtig zusammen und bilden ein neues Ganzes, wenn sie *auf die richtige Art* verschieden sind, also so, dass sie einander entsprechen und ergänzen.

Gott schickt in Adams Leben (und damit auch in Evas Leben) jemanden hinein, der eine ungeheure Kraft hat – aber eine Kraft, die „anders“ ist. *Gleich und entgegengesetzt* – was immer dies sonst noch bedeutet, es bedeutet auf jeden Fall „nicht austauschbar“. Jedes Geschlecht hat Stärken und Tugenden, Perspektiven und Fähigkeiten, die das andere nicht hat. Wenn wir heiraten, kommt eine Person vom anderen Geschlecht in unser Leben hinein – eine Person, die auf eine tiefe, geheimnisvolle Weise anders ist.

Schon viele haben versucht, „typisch männlich“ und „typisch weiblich“ über eine Liste spezifischer typischer Eigenschaften zu definieren. Aber sobald man versucht, solch eine Liste zu erstellen, merkt man, dass sie nicht für alle Kulturen und auch nicht für alle Charaktere gleich gültig ist. Bezeichnenderweise gibt es in der Bibel keine solche Liste. Aber die Bibel geht fest davon aus, dass es Unterschiede zwischen den Geschlechtern gibt, und dies nicht zuletzt in 1. Mose 1 und 2. Die Botschaft des Schöpfungsberichtes ist, dass wir nur gemeinsam, ausgestattet mit der ganzen Palette der Männlichkeit und Weiblichkeit, das Leben als Ehepaar meistern können. Der militärische Hintergrund des Wortes „Hilfe“ in 1. Mose 2,18 deutet dies an. Nur gemeinsam haben wir das, was wir brauchen, um nicht besiegt zu werden.

Wir – Tim und Kathy – passen nicht in das Raster der typischen Geschlechterklischees. Man kann wohl sagen, dass nach den üblichen Kriterien Tim nicht besonders „männlich“ und Kathy nicht besonders „weiblich“ ist. Aber wir waren noch nicht lange verheiratet, da merkten wir, dass wir oft die Welt mit ganz unterschiedlichen Augen sahen, und diese Unterschiede konnte man nicht alle auf den Charakter oder die Familie, die soziale Klasse oder ethnische Zugehörigkeit schieben. Kathy entdeckte zum Beispiel mit Erstaunen Tims Fähigkeit, seine Gefühle und Ängste auszublenden, um sich ganz auf die Aufgabe zu konzentrieren, die er vor sich hatte. Als Frau konnte sie natürlich auch zielstrebig sein, aber Tim machte das irgendwie ganz anders. Kathy entdeckte in Tim Dinge, die er selber nie gesehen hätte; sie sieht sie, weil sie ihm genügend nahe ist, um sie zu bemerken – und weil sie ein anderes Geschlecht hat.

Im Laufe der Jahre ist uns immer deutlicher geworden, wie unsere Ehe uns wie zwei Puzzleteile gemacht hat, die genau zusammenpassen und zusammen ein größeres Ganzes ergeben. Wenn heute Tim in irgendeiner Situation ist, wo er innerhalb eines Sekundenbruchteils reagieren muss, denkt er instinktiv daran, was Kathy in dieser Situation denken oder sagen oder tun würde. Er ist so lange mit seiner Frau zusammen gewesen, dass ihre Perspektive ihm in Fleisch und Blut übergegangen ist. Sein Repertoire an Reaktionen umfasst inzwischen nicht nur sein eigenes, sondern auch das ihre. In jenem Sekundenbruchteil denkt er: *Ich weiß, was Kathy jetzt tun würde; ist das möglicherweise klüger als das, was ich tun würde?* Und nicht selten wählt er dann die Kathy-Reaktion.

Tims Weisheits-Portfolio ist dauerhaft vielfältiger geworden. Er ist eine andere Person geworden und ist doch weiter er selber. Er ist nicht „weiblicher" geworden, ja in vieler Hinsicht ist er im Laufe der Zeit eher noch „männlicher" geworden. Was ist passiert? Nun, Kathy ist in sein Leben hineingekommen, und weil er sich nun auch mit ihren Augen sieht, kann er jetzt kann nicht nur besser verstehen, wer er ist, sondern er ist innerlich gewachsen. Er ist der geworden, der er sein soll, und das durch den täglichen (und oft schmerzlichen) Austausch mit einer Person, mit der er auf Tuchfühlung lebt und die ihm ähnlich ist, aber auch wieder unähnlich und das Gegenteil von ihm ist.

Unsere Ehe hat uns wie zwei Puzzleteile gemacht, die genau zusammenpassen und zusammen ein größeres Ganzes ergeben.

Man muss es eigentlich nicht betonen (aber wir wollen es trotzdem tun), dass nicht nur die Frau eine Hilfe für ihren Mann, sondern auch der Mann eine Hilfe für seine Frau sein sollte. Es ist nicht nur so, dass Gott Eva in Adams Leben hineinbrachte, um ihm mit den Mitteln ihres Geschlechtes zu helfen, der zu werden, der er werden soll. In Epheser 5,25-27 heißt es, dass die Ehemänner ihre Frauen aufopferungsvoll lieben sollen – so wie Christus uns geliebt hat. Sie sollen dies mit dem gleichen Ziel tun, nämlich um ihnen zu helfen, Menschen zu werden, die innerlich makellos schön sind ohne die „Flecken und Runzeln“ ihrer Fehler und Schwächen. Dies ist in gewissem Sinne das Spiegelbild zu 1. Mose 2: So wie die Ehefrauen ihren Männern eine Hilfe sein sollen, sollen die Männer ihre geschlechtsspezifischen Stärken nutzen, damit ihre Frauen das werden können, wozu Gott sie erschaffen hat.

Doch all dies setzt viel Zeit und einen langen Atem voraus. Wir verändern uns nicht von jetzt auf gleich, wir werden nicht über Nacht zu den Menschen, die wir sein sollen. Wir müssen beharrlich unsere unterschiedlichen Gaben einsetzen und einander hingeben und lieben, damit wir ein Leben lang einander helfen können, zu wachsen und zu reifen.

Ehrlicherweise müssen wir sagen: Dies ist nicht das Ehe-Modell, das in unserer heutigen Gesellschaft populär ist. Wir sind Konsumenten geworden, und der Konsument nimmt instinktiv und ständig eine Kosten-Nutzen-Analyse vor. Die Logik des Marktes, die Denke des Investierens, des Kaufens und Verkaufens und Profitmachens ist in alle Bereiche unseres Lebens eingedrungen, auch in die Ehe. Und so suchen wir einen Partner, der unsere Bedürfnisse befriedigt, nicht pflegeintensiv ist, auf keinen Fall versucht, uns zu ändern, und in jeder Hinsicht verträglich ist. Und wenn wir dann jemanden geheiratet haben, der uns „gleich und entgegengesetzt" ist und anfängt, uns Dinge über uns zu sagen, die wir nicht hören wollen, sagen wir: „Hier stimmt was nicht. Unsere Ehe soll doch ein Ort des Glücks sein. Warum stoßen wir immer wieder zusammen?" Die Antwort lautet: Weil da jemand mir eine *Hilfe* ist, und erst am anderen Ende dieses Tunnels werde ich die Person finden, die Gott aus mir machen will.

Diese beiden Dinge, die wir zuallererst brauchen – dass wir unseren Partner nicht vergöttern und dass wir auf einer langen und manchmal schwierigen Reise Geduld haben –, kann man zusammen als Ausdruck eines Doppelproblems sehen. Einerseits gilt es, eine gewisse romantische Naivität zu vermeiden, die den Partner auf ein Podest stellt. Andererseits müssen wir uns davor hüten, frustriert zu sein, weil es harte Arbeit ist, einen Menschen zu lieben, der so anders ist als ich und mir Dinge sagt, die ich nicht hören will. In der griechischen Mythologie muss Odysseus sein Schiff zwischen der Skylla (einem in einer Felsenklippe hausenden Meeresungeheuer) und der Charybdis (einem gefährlichen Strudel gegenüber der Skylla) hindurchsteuern. Wer hier einer der beiden Gefahrenstellen zu nahe kam, stand in Gefahr, beim Ausweichmanöver geradewegs in die entgegengesetzte Gefahr hineinzusteuern. Ähnlich gibt es heute viele Menschen, die in der Ehe der Vergötterung des Partners erfolgreich ausgewichen sind, nur um im Strudel der Enttäuschung und Resignation zu landen.

Was braucht es, damit wir beides – Skylla und Charybdis – vermeiden? Wie schaffen wir es, weder zu viel noch zu wenig von der Ehe zu erwarten?

Fröhliche Demut, die nur das Evangelium geben kann

In 1. Mose 2,18 heißt es: „Dann sagte Gott, der HERR: ‚Es ist nicht gut, dass der Mensch allein ist.'" Das ist eine überraschende Aussage. Wie konnte Adam im Paradies, bevor die Sünde in die Welt gekommen war, einsam oder unglücklich sein? Er lebte doch in einer perfekten Beziehung zu Gott; wie konnte er da einsam sein? Es gibt eigentlich nur eine mögliche Antwort: dass Gott Adam absichtlich so geschaffen hatte, dass er noch jemand anderes außer Gott brauchte. Dies bedeutet nicht, dass unser Herz nicht *an erster Stelle* die Liebe Gottes braucht. Das ist so! Aber Gott hat uns so erschaffen, dass wir *auch* die Liebe von Menschen brauchen.

Bedenken wir einmal, wie bescheiden und ganz und gar nicht ichbezogen Gott sich hier verhält. Er hat uns so gemacht, dass wir nicht nur ihn brauchen, sondern auch andere Beziehungen, andere Ichs, andere Herzen. Die Vorstellung, dass Gott die Menschen erschuf, damit er nicht mehr so einsam sei oder jemanden hätte, den er lieben könne, oder auch weil er Wesen brauche, die ihn anbeteten, ist komplett falsch. Aber diese Bescheidenheit bei der Erschaffung des Menschen ist noch gar nichts verglichen mit der Demut und opferbereiten Liebe, die Gott uns später in der Bibel zeigt, wenn er durch seine Propheten wie Jesaja, Jeremia und Hosea wiederholt sagt: „Ich bin der Bräutigam, und ihr, mein Volk, seid meine Braut."

Diese „Bräutigam"-Symbolik bedeutet, dass ich allein in Gott den Geliebten und „Ehepartner" finde, der den Hunger meiner Seele wirklich sättigt. Er ist meine ultimative „Hilfe". Martin Luther hat dies in seinem Lied „Ein feste Burg" beschrieben:

Ein feste Burg ist unser Gott,
ein gute Wehr und Waffen.
Er hilft uns frei aus aller Not,
die uns jetzt hat betroffen.

Er ist unsere Hilfe „in aller Not", weil er uns *gleich und entgegengesetzt* ist. Er ist uns gleich, weil wir als sein Ebenbild erschaffen sind; wir sind Personen und Beziehungswesen wie er. Und er ist uns entgegengesetzt, weil er vollkommen heilig ist. Ich werde nie zu der Person werden, die ich sein sollte, wenn er nicht in mein Leben hineinkommt. Und dass er mein „Bräutigam" ist, bedeutet, dass er nicht irgendetwas Abstraktes ist, an das man halt glaubt, ja noch nicht einmal ein höchstes Wesen, dessen Geboten ich gehorche. Sondern unsere Gottesbeziehung muss von innerer Nähe und Gemeinschaft gekennzeichnet sein. Gott muss durch sein Wort zu mir reden, und ich muss ihm in Gebet und Anbetung mein Herz öffnen. Die Liebe dieses „Bräutigams" muss durch den Heiligen Geist unsere Herzen erfüllen (Römer 5,5). Wenn Sie nicht wollen, dass Ihr menschlicher Ehepartner für Sie zum Götzen und falschen Heiland wird, gibt es nur eines: Der große Bräutigam Ihres Lebens muss Gott sein.

Das Bild vom „Bräutigam" bedeutet auch, dass ich in Gott den geduldigsten und beharrlichsten Ehepartner habe, den es je gegeben hat.

Gott als der Bräutigam seines Volkes – das ist ein Thema, dass sich durch die ganze Bibel zieht. Im Alten Testament nennt Gott sich den Ehemann Israels. Aber Israel wendet sich ständig anderen Göttern zu, was die biblischen Texte als geistliche Hurerei beschreiben. Jeremia 2–3 und Hesekiel 16 sind lebendige Beschreibungen dieser „unglücklichen Ehe", aber die berühmteste Behandlung dieses Themas finden wir im Buch Hosea. Dort weist Gott seinen Propheten an, eine Frau namens Gomer zu heiraten, die ihm untreu sein wird, denn „das Land läuft vom HERRN weg der Hurerei nach" (Hosea 1,2).[27] Es kommt so, wie Gott gesagt hat: Gomer läuft anderen Männern hinterher.

Die berühmteste und bewegendste Stelle in der Geschichte kommt im 3. Kapitel. Gomer ist nicht nur untreu geworden, sondern prostituiert sich offenbar, denn Hoseas einzige Möglichkeit, sie zurückzubekommen, besteht darin, dass er sie von einem Mann, dessen Eigentum sie geworden ist, zurückkauft. Gott befiehlt Hosea, genau dies zu tun. Hosea schreibt:

Der HERR sprach zu mir: „Obwohl deine Frau deine Liebe nicht erwidert hat, sondern ständig die Ehe bricht, sollst du sie wieder bei dir aufnehmen und sie lieb haben. Denn auch ich liebe die Israeliten, obwohl sie anderen Göttern nachlaufen und nur zu gern deren Opfermahlzeiten essen." Da kaufte ich meine Frau für 15 Silberstücke und viereinhalb Zentner Gerste zurück und sagte zu ihr: „Du wirst jetzt bei mir bleiben und dich mit keinem anderen Mann mehr einlassen. Aber ich werde lange Zeit nicht mit dir schlafen" (Hosea 3,1-3[28]*).*

Dies ist mehr als nur die bewegende Geschichte einer Liebe, die nicht aufgibt. Gott deutet hier an: So, wie es unter den Menschen große Opfer erfordert, eine untreue Frau zu lieben, so verlangt auch seine Liebe zu uns, so sie aufrechterhalten werden soll, einen hohen Preis von ihm. Und im Leben und Opfertod von Jesus sehen wir, dass Gott diese Logik bis zum Ende durchgehalten hat.

Als Jesus gefragt wurde: „Warum fasten deine Jünger nicht?", antwortete er: „Können etwa bei einer Hochzeit die Gäste trauern, solange der Bräutigam bei ihnen ist?" (Matthäus 9,14-15). Das Fasten war ein religiöses Ritual, zu dem Buße und Gebet gehörten. Jesus antwortet hier mir einem Bild, das die offensichtliche Tatsache betont, dass jemand, der auf eine Hochzeit geht, mit Sicherheit nicht fastet. (Man würde dafür gegebenenfalls sogar eine Diät unterbrechen.) Aber als Jesus sich selber den Bräutigam nannte, muss es seinen Zuhörern den Atem verschlagen haben, denn jeder wusste doch, dass der „Bräutigam“ Israels niemand anderes als Gott selber war. Mit anderen Worten: Hier bezeichnet Jesus sich selber als Gott! Und dann fährt er fort: „Es kommt allerdings eine Zeit, wo ihnen der Bräutigam entrissen sein wird; dann werden sie fasten“ (V. 15). Jesus sagt hier also zwei Dinge über sich aus: Erstens ist er unser göttlicher Bräutigam, und zweitens kam er, um für uns zu sterben (das ist mit dem „entrissen“ gemeint).

Was das Buch Hosea nur andeutet, finden wir im Neuen Testament in aller Ausführlichkeit. Gott ist der liebende Ehemann seines Volkes. Aber dank uns ist die Ehe fürchterlich. Gott führt die *längste und gleichzeitig schlimmste Ehe der Weltgeschichte. Wir haben unser Herz Götzen zugewandt, wir haben uns von ihm abgekehrt, wir sind absolut fürchterliche Ehepartner für Gott. Aber Gott hat uns nicht aufgegeben.*

Gott führt die längste und gleichzeitig schlimmste Ehe der Weltgeschichte. Aber er gibt nicht auf.

In Jesus Christus ist er auf die Welt gekommen und hat durch seinen Tod am Kreuz den Preis gezahlt, um uns aus unserer Sünde und all unseren Versklavungen loszukaufen. In der Bibel sagt er uns: „In Jesus Christus habe ich mein Leben für dich hingegeben. Ich habe ein für alle Mal und für alle sichtbar das getan, was jeder tun muss, der einen Menschen zu lieben versucht, der unvollkommen und voller Fehler ist. Ich habe ein stellvertretendes Opfer gebracht. Ich habe deine Sünde, deine Bosheit, deine Probleme auf mich genommen, damit dir meine Gerechtigkeit dir zugerechnet werden konnte. Verstehst du das? Dann verstehst du auch, wie sehr ich dich liebe und wie sehr ich dich will." Diese Botschaft ist die größte Kraft in der Welt; nichts kann ein Leben so verändern wie sie.

Sehen Sie, wie diese Realität, wenn wir sie uns zu eigen machen, uns die größtmögliche Ermutigung gibt für die lange Reise der Ehe? Sie wissen doch: Jesus kam „zu seinem Volk", wörtlich „zu seinem Eigentum", das aber von ihm nichts wissen wollte (Johannes 1,11). Wir haben ihn nicht nur abgelehnt, wir haben ihn ans Kreuz genagelt. Manch einer von Ihnen, in dessen Ehe es gar nicht rundläuft, denkt vielleicht: „Meine Frau/mein Mann ist echt ein Kreuz." Nun, Jesus ist buchstäblich ans Kreuz gegangen. Und er liebte uns nicht, weil wir so gut waren, sondern um uns gut zu machen. Er liebt uns *uns* zuliebe, nicht ihm zuliebe, und so ist er nicht davongelaufen, sondern hat uns weitergeliebt. Möchten Sie am liebsten das Handtuch werfen in Ihrer Ehe? Denken Sie an die Geduld, die Jesus mit Ihnen hat. Um in einer schwierigen Ehe dranzubleiben, müssen Sie wieder und wieder Ihren Partner anschauen und sagen: „Du hast mir wehgetan, aber ich habe meinem großen Bräutigam, Jesus Christus, wehgetan, und er ist nicht weggelaufen, sondern vergibt mir immer wieder. Er liebt mich so sehr, dass ich auch dich lieben kann." Das ist die einzige Möglichkeit, die nötige Geduld für die lange Reise der Ehe zu bekommen.

Und um auf unser erstes Thema zurückzukommen: Wenn wir wissen, wie sehr Christus uns als Bräutigam liebt, dann haben wir auch den Schlüssel dazu, den Partner nicht zu vergöttern. In seiner klassischen Schrift „Von der Freiheit eines Christenmenschen" sagt Martin Luther:

> *[Der Glaube] vereinigt auch die Seele mit Christus wie eine Braut mit ihrem Bräutigam. Aus dieser Ehe folget … dass Christus und die Seele ein Leib werden … was Christus hat, das ist der gläubigen Seele eigen, was die Seele hat, wird Christi eigen. Christus hat alle Güter und Seligkeit: die sind der Seele eigen; die Seele hat alle Untugend und Sünde auf sich: die werden Christi eigen … So wird die Seele von allen ihren Sünden nur durch ihre Verlobungsgabe, das ist des Glaubens halber, ledig und frei und mit der ewigen Gerechtigkeit ihres Bräutigams Christi begabt. Ist nun das nicht ein fröhlicher Hausstand, da der reiche, edle, fromme Bräutigam Christus das arme, verachtete, böse Hürlein zur Ehe nimmt und sie von allem Übel frei macht, sie mit allen Gütern zieret? … Hier siehst du abermals, aus welchem Grunde dem Glauben so viel billig zugeschrieben wird, dass er alle Gebote erfüllet und ohne alle andern Werke fromm macht.*[29]

Wir sollten täglich neu über die Liebe Christi, unseres himmlischen Bräutigams, nachsinnen, sie schmecken, sie genießen, uns über sie freuen, dass sie immer mehr Freude in uns auslöst. Das wird uns frei machen von der Vergötterung der menschlichen Liebe, die wir von unserem Ehepartner brauchen, und wir erfahren die Gnade und Erlösung, die es nur in Jesus Christus selber gibt. Dieser Bräutigam, Jesus Christus, ist der einzige Ehepartner, der uns wirklich Erlösung und Erfüllung schenken kann.

Ihre „Ehe“ mit Christus ist das bestmögliche Fundament für Ihre menschliche Ehe.

Das große Ziel der Ehe

Dann hörte ich ein weiteres Mal einen Jubelgesang, der von einem vielstimmigen Chor zu kommen schien und wie das Tosen einer mächtigen Brandung und wie gewaltiges Donnerrollen klang:

„Halleluja! Gepriesen sei der Herr!
Denn er ist es, der von jetzt an regiert,
er, unser Gott, der allmächtige Herrscher.
Lasst uns jubeln vor Freude
und ihm die Ehre geben,
denn jetzt wird die Hochzeit des Lammes gefeiert!
Seine Braut hat sich für das Fest bereitgemacht;
sie durfte sich in reines, strahlend weißes Leinen kleiden“
(Offenbarung 19,6-8).

Danach sah ich einen neuen Himmel und eine neue Erde. Der frühere Himmel und die frühere Erde waren vergangen; auch das Meer gab es nicht mehr. Ich sah die heilige Stadt, das neue Jerusalem, von Gott aus dem Himmel herabkommen, schön wie eine Braut, die sich für ihren Bräutigam geschmückt hat (Offenbarung 21,1-2).

Die Ehe ist eine Reise, die traditionell ein Ende hat – „bis der Tod euch scheidet“. Und in einem gewissen Sinne endet eine Ehe in der Tat mit dem Tod und der überlebende Partner kann zum Beispiel eine neue Ehe eingehen. Aber zum christlichen Eheverständnis gehört es, dass die Ehe uns vorbereitet auf eine ewige Verbindung, von der unsere irdische Ehe nur ein Vorgeschmack war. Und auch die Beziehung, die zwei Christen in der Ehe hier in dieser Welt haben, muss man nicht als etwas sehen, das durch den Tod beendet oder auch nur geschmälert wird.

Um das eigentliche Ziel der Ehe zu verstehen, müssen wir uns drei Dinge anschauen: die sexuelle Beziehung, das Ziel der Menschheitsgeschichte und die Auferstehung von den Toten.

Sex als Vorgeschmack

Schon viele haben darauf hingewiesen, dass die Bibel kein prüdes Buch ist. An vielen Stellen feiert sie die Schönheit und die Freuden der sexuellen Liebe, so zum Beispiel in Sprüche 5,18-20, wo der Ehemann ermutigt wird, sich an den Brüsten seiner Frau zu berauschen, oder im gesamten Hohenlied Salomos. Aber die Bibel ist nicht nur offenherzig, ja humorvoll, wenn sie vom Sex redet. Sie schaut weiter – hin zur Herrlichkeit.

Im 7. Kapitel des Römerbriefs vergleicht der Apostel Paulus die Christen mit einer Frau, die ursprünglich mit „dem Gesetz“ verheiratet war. Damit meint er, dass wir versucht haben, uns unsere Erlösung durch Leistungen zu verdienen, ob diese Leistungen nun in der Befolgung von

Gottes Moralgesetz bestehen oder im Einsatz für Reichtum, Karriere oder irgendwelche anderen Ziele. Aber wenn wir an Christus gläubig geworden sind, werden wir neu verheiratet mit „dem, der von den Toten auferstanden ist. Und das bedeutet: Jetzt kann unser Leben für Gott fruchtbar werden“ (Römer 7,4). Das ist ein gewagtes Bild. So wie eine Ehefrau sich in die Arme ihres Mannes legt und durch ihren Körper Kinder auf die Welt kommen, so legen wir uns in die Arme Jesu und bringen daraufhin ebenfalls Frucht – die Frucht unseres eigenen veränderten Lebens (Galater 5,22-23) bzw. die Frucht der guten Werke, die das Leben anderer verändern (Kolosser 1,6.10).[30]

Manche Ausleger haben hier ihre Schwierigkeiten mit Paulus' Bildersprache, die sie „anstößig“ finden, und sie kann einem in der Tat den Atem wegnehmen.[31] Aber die Metapher ist hinreichend deutlich. In einem gewissen Sinne ist die Sexualität in der Ehe, aus der neues Leben hervorgehen kann, ein Wegweiser hin zu der ultimativen Liebesbeziehung zu Jesus Christus. Die Vereinigung, die wir durch den Glauben mit ihm erleben, schenkt uns das Höchste, was es an Liebe gibt, und diese Erfahrung kann ihrerseits Früchte tragen, die verwandelnd wirken und neues Leben schaffen. Diese Beziehung, so Paulus, beginnt hier und jetzt, und auch ihre Früchte beginnen hier und jetzt. Aber an anderer Stelle verrät uns die Bibel, dass die Gemeinschaft mit Christus und seiner Liebe, die wir jetzt erleben, nur ein kleiner Vorgeschmack darauf ist, wie es sein wird, wenn wir ihn von Angesicht zu Angesicht sehen werden (1. Korinther 13,12).

Die Bibel informiert uns, dass wir unseren himmlischen Bräutigam hier auf der Erde nur im Glauben kennen, noch nicht im Schauen (2. Korinther 5,7). Die Liebe, die wir hier erfahren, kann nur vorläufig sein. Aber wenn wir ihn dann von Angesicht zu Angesicht sehen, wird die Verwandlung durch seine Liebe und die Erfüllung unseres Seins vollkommen sein (1. Johannes 3,2-3).

Was bedeuten all diese Bibelstellen, die besagen, dass Jesus unser Bräutigam und Ehemann ist? Mindestens dieses: dass der Sex in der Ehe ein Wegweiser und ein Vorgeschmack ist auf die Freude in jener vollkommenen Welt der Liebe, die auf uns wartet. Im Himmel, wenn wir Jesus direkt gegenübertreten, werden wir in eine Gemeinschaft der Liebe mit ihm und mit all denen, die ihn auch lieben, eintreten. Dieser große Tag wird ein Tag höchsten Genusses, absoluter Freude und tiefster Geborgenheit sein, von denen der leidenschaftlichste und beglückendste Sex zwischen einem Mann und einer Frau nur ein matter Abglanz ist.

Sex in der Ehe ist ein Vorgeschmack auf die Freude in jener vollkommenen Welt der Liebe.

Wir haben bereits gesehen, dass nach 1. Korinther 6 jeder außereheliche Sex falsch ist. Aber in diesem Text formuliert Paulus nicht nur ein Verbot, sondern er erklärt auch, *warum* außerehelicher Sex falsch für einen Christen ist:

> *Wer sich … mit dem Herrn verbindet, wird eins mit ihm; sein Geist verbindet sich mit dem Geist des*

Herrn. Lasst euch unter keinen Umständen zu sexueller Unmoral verleiten! … bei keiner Sünde versündigt [man] sich so unmittelbar an seinem eigenen Körper wie bei sexueller Unmoral. Habt ihr denn vergessen, dass euer Körper ein Tempel des Heiligen Geistes ist? Der Geist, den Gott euch gegeben hat, wohnt in euch, und ihr gehört nicht mehr euch selbst (1. Korinther 6,17-19).

Paulus erinnert uns (wie schon in Römer 7,4) daran, dass wir mit Christus „verheiratet" sind, sodass der Heilige Geist in uns wohnt. Daher, so sein Gedanke, dürfen wir mit unserem Körper sexuell nichts tun, das nicht diese unsere Beziehung zu Christus spiegelt und wiedergibt. Wenn wir uns mit Christus vereinigen, geben wir uns ganz und exklusiv und für immer ihm hin – dem, der sich für uns geopfert hat. Ganz ähnlich dürfen wir nur dort Sex haben, wo wir uns vollständig, exklusiv und permanent einem Ehepartner hingeben. Jeder andere Gebrauch unserer Sexualität geht an dem vorbei, wozu Gott sie erschaffen hat: ein Wegweiser zu sein zu unserer Vereinigung mit Gott selbst, heute und dereinst in der Ewigkeit.

Das ist die biblische Sicht von unserer Sexualität und sie geht viel weiter, als dass sie „Sex positiv sieht". Viele unserer Zeitgenossen sind noch in einem Denken erzogen worden, wo Sex etwas „Gefährliches" und potenziell „Schmutziges" war. Auf dieses Denken folgte dann das andere Extrem und man sagte: „Sex ist gut, Sex macht

Spaß und alles ist erlaubt, solange es freiwillig und einvernehmlich geschieht."

Die biblische Sicht vom Sex steht nicht irgendwo auf halbem Wege zwischen diesen beiden Klischees, sondern sie steht unendlich höher. Sex ist nichts Schmutziges; Gott selber hat ihn ja erschaffen und für „gut" befunden (1. Mose 1,26-31). Aber er ist auch viel mehr als ein bloßes Bedürfnis wie das nach Essen und Trinken.

Die Herrlichkeit Gottes im Angesicht von Jesus ist die Schönheit und Liebe, nach der wir uns unser ganzes Leben lang gesehnt haben. „Dort, wo du bist, gibt es Freude in Fülle; ungetrübtes Glück hält deine Hand ewig bereit" (Psalm 16,11). Endlich werden wir die Vollendung unseres Wesens erleben, die unendliche Sättigung der Seele durch Gottes Gegenwart (vgl. Psalm 17,15).

Dies wird ein Tag unvorstellbarer Freude sein! Deswegen ist ja der Sex, seine irdische Entsprechung, so schön und voller Spaß und Freude. Sex kann viel mehr sein als ein kurzer Kick – dann nämlich, wenn wir ihn in Zeit und Raum auf das ausrichten, wohin er ein Wegweiser ist. Wir müssen ihn so benutzen, dass wir unserem Partner sagen: „Ich gehöre total, exklusiv und permanent zu dir." Wenn wir das tun, ist der Geschlechtsverkehr nicht mehr eine Methode, „meinen Spaß zu haben", sondern ein Akt der tiefsten Vereinigung, der zwei Menschenleben zu *einer* Einheit und Gemeinschaft zusammenschweißt und der mein

Nur im Kontext der Ehe kann unsere Sexualität ihr volles Potenzial entfalten uns zu erfreuen und zu erfüllen.

Herz so formt, dass es hingebungsvoll lieben kann, so wie Jesus uns geliebt hat. Nur im Kontext der Ehe kann unsere Sexualität ihr volles Potenzial entfalten, uns zu erfreuen und zu erfüllen.

Und so zeigt der Sex, wie die ganze Ehe, auf etwas, das jenseits von ihm liegt. Wenn wir das nicht sehen und unsere Herzen nicht auf diese Zukunft ausrichten, werden beide – der Sex und die Ehe – uns bitter enttäuschen.

Das Ende der Geschichte

Martin Luther hat, ganz in Übereinstimmung mit den Ansichten von Paulus, gesagt: In einem gewissen Sinne sind wir bereits mit Christus „verheiratet". Aber in einem anderen Sinn sind wir erst mit ihm „verlobt". Die Johannesoffenbarung sagt uns, dass die „Hochzeit des Lammes" ein Tag in der Zukunft ist, an dem wir mit Jesus verheiratet werden (Offenbarung 19,7). Dieser große Hochzeitstag, an dem wir in seine Arme sinken werden, ist der einzige Hochzeitstag, der wirklich alles in unserem Leben gut machen wird.

Es ist bemerkenswert, dass die Bibel im 1. Buch Mose mit einer Hochzeit (zwischen Adam und Eva) beginnt und dass der ursprüngliche Zweck dieser Hochzeit darin bestand, die Welt mit Kindern Gottes zu füllen. Aber dann wandten Adam und Eva sich von Gott ab und die erste Hochzeit erreichte ihr Ziel nicht.

Aber wenn wir an das Ende der Bibel kommen, sehen wir die Gemeinde Jesu „von Gott aus dem Himmel herabkommen, schön wie eine Braut, die sich für ihren Bräutigam geschmückt hat" (Offenbarung 21,2). Die Anklänge an 1. Mose 2 sind unmissverständlich. Wieder führt Gott eine Braut ihrem Ehemann zu, nur dass diesmal der Ehemann Jesus ist und wir die Braut sind. In der ersten Ehe der Menschheit war Adam nicht da, als seine Frau ihn brauchte. Aber am Ende der Zeit wird es eine zweite Hochzeit geben, die Hochzeit des Lammes, und auch *ihr* Zweck besteht darin, die Welt mit Kindern Gottes zu füllen. Und diesmal wird es gelingen, denn wenn auch der erste Ehemann in der Geschichte der Menschheit versagte – der zweite wird dies nicht tun. Der zweite und wahre Adam, Jesus Christus, wird seine Braut, die zweite Eva, seine Gemeinde, nie im Stich lassen.

Die Offenbarung erwähnt eine Sache, zu der wir in 1. Mose 2 nichts finden. Es heißt, dass wir, Gottes Volk, wunderbare Kleider für unsere Hochzeit bekommen werden. Dass bei der Hochzeit im Garten Eden keine Festkleider erwähnt werden, liegt natürlich daran, dass Adam und Eva nackt waren. Aber das war *vor* dem Sündenfall. Die Bibel benutzt öfters das Bild, dass wir saubere bzw. schöne Kleider brauchen, um unsere Sünde zu bedecken (vgl. Hesekiel 16; Sacharja 3). Wenn wir für unseren Bräutigam Jesus schön sein sollen, müssen unsere Sünden von seiner Gerechtigkeit und Gnade bedeckt sein, die wir durch den Glauben erhalten (Philipper 3,9), und das Bild vom Hochzeitskleid bringt dies auf eine sehr schöne Weise zum Ausdruck.

Hochzeitskleider sind dazu da, dass wir uns schön fühlen, dass wir uns fühlen wie die ideale Person, die wir sein könnten. Diese Kleider sind ein wunderbares Bild dafür, wie Jesus unsere Sünden bedeckt und uns mit seiner eigenen Gerechtigkeit bekleidet, wofür er einen unendlichen Preis gezahlt hat. Das Evangelium besagt, dass Christus das schöne, gute Leben gelebt hat, dass eigentlich wir leben sollten, aber nicht gelebt haben. Aber jetzt, durch den Glauben, ruht seine Schönheit auf uns. Und wenn wir glauben, bekommen wir, wie Martin Luther erklärt hat, auch seine Gerechtigkeit. Die Johannesoffenbarung zeigt uns, dass wir sozusagen den Mittelgang der Kirche entlangschreiten werden zu Jesus, unserem Bräutigam, und dass er uns schön finden wird. Können Sie das fassen?

Als Pastor habe ich bei Hunderten von Trauungen neben dem Bräutigam stehen und auf die Braut warten dürfen. Meine Frau und ich beobachten immer den Bräutigam in dem Augenblick, bevor die Braut erscheint. Man merkt es genau, wenn er sie erblickt, wenn sie durch die Tür oder um eine Ecke kommt. Auf einmal ist sie da, und der Bräutigam hält den Atem an und sein Herz macht einen Satz, wenn er sie in ihrer strahlenden Schönheit sieht. Und dann schauen sie einander an, und ihre Gesichter strahlen um die Wette.

Sagt die Bibel wirklich, dass Jesus uns so schön findet? Dass der Herr des Universums uns so lieben wird? Ja! Das ist es, was es bedeutet, „in Christus“ zu sein, ihm zu gehören. Klar: Unser Verstand fasst das nicht, und unser Vorstellungsvermögen kommt an seine Grenzen. In 1. Johannes 3,2 lesen wir: „Ja, liebe Freunde, wir sind Gottes

Kinder … Was darin alles eingeschlossen ist, ist uns vorläufig noch nicht enthüllt. Doch eines wissen wir: Wenn Jesus in seiner Herrlichkeit erscheint, werden wir ihm gleich sein; denn dann werden wir ihn so sehen, wie er wirklich ist." Der erste Anblick seiner Schönheit und die erste direkte Erfahrung seiner Liebe werden uns in einem Augenblick in makellose Personen der „Freiheit" und „Herrlichkeit" (Römer 8,21) verwandeln. Das ist natürlich Zukunftsmusik, aber danach fährt Johannes fort: „Wer diese Hoffnung hat – eine Hoffnung, die ganz auf Jesus ausgerichtet ist –, hält sich von jeder Sünde fern, um so rein zu sein wie er" (1. Johannes 3,3). Diese Vision der kommenden Glückseligkeit und des Hochzeitsmahls wird so stark sein, schreibt Johannes, dass bereits die bloße Hoffnung darauf – der kleinste Vorgeschmack und die feste Gewissheit, dass dies kommen wird – hier und jetzt einen Verwandlungsprozess in uns freisetzt.

Die Freude über die Liebe des Bräutigams Jesus zu uns verändert uns. Angst, Eifersucht, Groll, Langeweile, Enttäuschungen, Einsamkeit – all die Dinge, die unser Leben dunkler machen – werden kleiner. Und nur wenn ich über das Ende meiner irdischen Ehe hinaus auf die Vereinigung mit Christus schaue, werde ich meine Frau bzw. meinen Mann wirklich gut lieben können.

Die Freude über die Liebe des Bräutigams Jesus zu uns verändert uns.

Wir müssen uns frei machen von der fixen Idee: „Wenn ich nur den Richtigen oder die Richtige finde und heirate, *dann* werde ich glücklich sein." Nein. Es gibt nur *einen*

„Richtigen“, und er wartet auf uns am Ende der Zeit, wenn er sein Hochzeitsmahl feiert. Und wenn wir dann seine Herrlichkeit sehen, wird das mehr wiegen als eine Million unglückliche Lebensläufe. Und die Schönheit, in die Jesus uns an jenem Tag kleiden wird, wird das tollste Hochzeitskleid, das wir je gesehen haben, verblassen lassen.

Das Ende der Ehe?

In Matthäus 22 lesen wir von den Sadduzäern, einer religiösen Gruppierung im alten Israel, die nicht an eine künftige Auferstehung der Toten glaubten. Sie wussten, dass Jesus diese Auferstehung lehrte, und so versuchten sie, ihm eine Falle zu stellen. Sie legen ihm einen hypothetischen Fall vor: Da waren sieben Brüder. Der älteste heiratete. Dann starb er, worauf die Witwe den zweitältesten heiratete. Der starb ebenfalls, und die Witwe heiratete den nächsten Bruder und so weiter, bis sie alle sieben geheiratet hatte und alle sieben tot waren. Große Preisfrage der Sadduzäer: Was wird bei der Auferstehung passieren? Wessen Ehefrau wird diese Frau dann sein, nachdem sie mit allen sieben verheiratet gewesen war?

Jesus begann seine Antwort mit dem Satz: „Ihr irrt euch, weil ihr weder die Schrift noch die Kraft Gottes kennt“ (Matthäus 22,29). Sie kannten nicht nur ihre Bibel nicht, sondern ihr Gott war zu klein. Sie hatten keinen wirklichen Begriff von seiner unendlichen Weisheit, Herrlichkeit und Liebe. Sie konnten sich nicht vorstellen, dass er einmal eine Welt erschaffen würde, die ganz anders sein wird als die, in der wir jetzt leben.

Jesus erklärte den Sadduzäern, was in der Bibel dazu steht:

> *Habt ihr jenes Wort, das Gott zu euch sagt, nie gelesen: „Ich bin der Gott Abrahams, der Gott Isaaks und der Gott Jakobs“? Gott ist doch nicht ein Gott der Toten, sondern der Lebenden! (Matthäus 22,31-32)*

Als Gott Mose erklärte, dass er der Gott Abrahams, Isaaks und Jakobs war (2. Mose 3,6), sagte er nicht: „Ich *war* der Gott Abrahams, Isaaks und Jakobs.“ Die drei Erzväter lagen seit Jahrhunderten in ihren Gräbern, aber Gott sprach nicht so über sie, als ob seine Beziehung zu ihnen eine Sache der Vergangenheit war. Er sagte: „Ich *bin* ihr Gott“, und Jesus fügt hinzu: „Gott ist nicht ein Gott der Toten, sondern der Lebenden.“ Mit anderen Worten: Niemand, der den wahren Gott als *seinen* Gott hat, ist je wirklich tot. Ein Theologe hat die Worte von Jesus so erklärt: „Die, mit denen der lebendige Gott sich identifiziert, können nicht wirklich tot sein; folglich müssen sie zusammen mit ihm lebendig sein, wenn ihr irdisches Leben vorbei ist.“[32] Damit formuliert Jesus das allgemeine Prinzip, dass der, der sich im Glauben mit Gott vereinigt, nach dem Ende seines irdischen Lebens zu einem höheren Leben bestimmt ist.

Und zu der Geschichte mit den sieben Ehemännern

sagt Jesus: „Denn nach der Auferstehung heiraten die Menschen nicht mehr, sondern sind wie die Engel im Himmel" (Matthäus 22,30).

Das klingt beim ersten Hören so, als sei der Tod das Ende unserer Ehen. Und in der Tat werden wir nach der Auferstehung „wie die Engel im Himmel" sein, denn dort braucht es ja keine Fortpflanzung mehr, um neue Kinder zu zeugen. Im Himmel wird es keinen Tod geben, und man kann sich leicht vorstellen, warum eine Institution, die zum großen Teil der Geburt und der Pflege neuen Lebens dient, dort nicht mehr notwendig ist.

Aber R. T. France stellt in seinem Matthäuskommentar eine Frage, die geradezu in der Luft liegt, wenn wir die Worte von Jesus hören. Er schreibt: „Die, die manche der tiefsten Freuden im irdischen Leben in dem Band einer ehelichen Beziehung gefunden haben, reagieren möglicherweise mit einer gewissen Bestürzung auf die Worte, dass sie das zurücklassen müssen." Aber, so France weiter, in der wörtlichen Formulierung von Vers 30 („denn nach der Auferstehung heiraten sie nicht und werden auch nicht verheiratet") finden wir zwei Verben, die sich auf die Sitte beziehen, dass der Brautvater die Braut an den Bräutigam übergibt und dieser sie empfängt; mit anderen Worten: Jesus sagt, dass es keine Eheschließungen mehr geben wird. Und dann fährt France fort:

> *Aber beachten wir, dass das, was Jesus für im Himmel unpassend erklärt, die Ehe ist, aber nicht die Liebe. [Könnte es nicht sein, dass] die Beziehungen*

im Himmel nicht weniger sind als die Ehe, sondern mehr[?] Er sagt nicht, dass die Liebe zwischen den Menschen, die auf der Erde miteinander verheiratet waren, verschwinden wird, sondern er scheint davon auszugehen, dass sie sich erweitern wird, sodass niemand mehr ausgeschlossen ist.[33]

C. S. Lewis erwähnt in seinem Buch *Was man Liebe nennt* ein Trio enger Freunde: Jack (er selber), Ronald (J. R. R. Tolkien) und Charles (Charles Williams). Als Charles starb, machte Lewis die Erfahrung, dass er jetzt nicht etwa „mehr" von Ronald hatte, sondern weniger, denn die Dinge an Charles, die nur Ronald ans Licht heben konnte, bekam er jetzt nicht mehr mit. Mit anderen Worten: Je mehr von Ronalds Freunden auch Lewis' Freunde waren, desto mehr hatte er von der Freundschaft mit Ronald. Also: je mehr Freunde, umso mehr Liebe. Lewis sah darin einen matten Abglanz der vollkommenen Liebesbeziehungen, die wir im Himmel haben werden, wo es keine Selbstsucht und Eifersucht mehr geben wird.[34]

Die Frage der Sadduzäer war, mit welchem der sieben Brüder die Frau nach der Auferstehung verheiratet sein wird, und die Antwort lautet: Mit allen sieben plus noch einigen anderen. (Das ist eine hilfreiche Antwort für denjenigen, der verwitwet ist und anschließend eine zweite gute Ehe führt.) Jeder wird mit allen anderen in der engstmöglichen Liebesbeziehung sein, weil die vollkommene Liebe Christi

Jeder wird mit allen anderen in der engstmöglichen Liebesbeziehung sein.

wie ein Strom oder eine mächtige Quelle in uns hinein- und aus uns herausfließen wird.

Werden wir im Himmel nach der Auferstehung weiter mit unseren irdischen Ehepartnern zusammen sein? Ja, natürlich. Schauen Sie Jesus an, den Erstgeborenen von den Toten. Als er nach seiner Auferstehung Menschen begegnete, die ihn gekannt hatten (wie zum Beispiel auf dem Weg nach Emmaus in Lukas 24), erkannten sie ihn im ersten Moment oft nicht, weil er verändert war, dann aber doch. Obwohl er jetzt einen vollkommenen Auferstehungsleib hatte, war er nach wie vor er selbst, und seine Freunde waren nach wie vor seine Freunde.

Und wer wird Sie in Ihrem neuen Auferstehungsleib besser wiedererkennen und sich über Sie freuen als Ihr Ehepartner? Wenn alle Sünden und Fehler und Schwächen von Ihrer Seele und Ihrem Körper weggenommen sind, wird Ihr Partner mit unendlicher Freude sagen können: „Ich wusste es doch immer, dass du so werden kannst! Ich habe es in dir gesehen. Und jetzt – sieh dich an!"

In dem bereits erwähnten Brief an ein frisch verheiratetes Paar spricht John Newton auch über die Beziehung, die Ehepartner jenseits des Grabes miteinander haben werden:

> *So gewiss Ihr miteinander verbunden seid, so gewiss wird der Tod Euch scheiden, und solch eine Trennung kommt unser Fleisch und Blut hart an. Aber sie wird nur eine kurze Zeit währen. Ihr werdet*

zusammen wandeln als Erben des ewigen Lebens, als Helfer und Gefährten in den Freuden der Seele, und zum Schluss werdet Ihr gemeinsam vor dem Thron der Herrlichkeit stehen und für immer bei dem Herrn sein. Möget Ihr in dem Wissen um diese Dinge leben, sodass alles Süße noch Süßer wird durch das Leuchten der Sonne der Gerechtigkeit in Euren Seelen und jedes Kreuz geheiligt wird, sodass es Euch in ein noch innigeres und vollkommeneres Anhangen an Ihm führt.[35]

Am Ende Ihrer irdischen Ehe wird nicht weniger stehen als der Einzug in ein nicht aufhörendes Fest, in welchem Sie mit Ihrem irdischen Partner auf eine Art und Weise verbunden werden, wie Sie sich das in dieser Welt nie vorstellen konnten – aber nicht nur mit Ihrem Partner, sondern auch mit allen anderen und mit Jesus, dem „Freund Ihrer Seele."

Am Ende Ihrer irdischen Ehe wird nicht weniger stehen als der Einzug in ein nicht aufhörendes Fest.

Danke!

Für dieses Buch und die Serie, zu der es gehört, sind wir noch mehr als sonst üblich unserem Lektor im Viking-Verlag, Brian Tart, zu Dank verpflichtet. Es war Brian, der die kurze Meditation über den Tod las, die Tim auf der Beerdigung von Kathys Schwester, Terry Hall, predigte. Er schlug vor, dass wir daraus nicht bloß eine, sondern gleich drei kleine Schriften über Geburt, Ehe und Tod machen sollten. Wir danken auch unseren zahlreichen Freunden in South Carolina, die es uns möglich machten, letzten Sommer dieses Buch und seine Begleitbände zu schreiben, als wir in Folly Beach waren.

Anmerkungen

1 Aus: „The Order for the Solemnization of Marriage“, im presbyterianischen *Book of Worship* (Philadelphia: Presbyterian Board of Publication, 1906). Vgl. 1. Mose 2,22-24.

2 Belinda Luscombe, „Why 25 % of Millennials Will Never Get Married“, *Time*, 24. September 2014, https://time.com/3422624/report-millennials-marriage, aufgerufen am 23.08.2021.

3 Siehe Robert N. Bellah et. al., *Gewohnheiten des Herzens. Individualismus und Gemeinsinn in der amerikanischen Gesellschaft* (Köln: Bund-Verlag, 1987).

4 „Where You Are“, Text von Mark Mancina und Lin-Manuel Miranda; aus *Vaiana* (engl.: Moana, 2016). Hier wird ironischerweise eine sehr „westliche“, individualistische Definition unserer Identität einem (erfundenen) Mädchen aus einer nichtwestlichen Kultur übergestülpt. Dies liegt sicherlich im Rahmen künstlerischer Freiheit, aber es sollte doch erwähnt werden, dass dies ein Beispiel dafür ist, wie die säkularen Menschen im heutigen Westen ihre Weltsicht als die allein seligmachende begreifen, die für die Kulturen im Rest der Welt nur gut sein kann.

5 Jennifer B. Rhodes, zitiert in: Marissa Hermanson, „How Millennials Are Redefining Marriage“, Gottman Institute, *Gottman Relationship Blog*, 3. Juli 2018,

https://www.gottman.com/blog/millennials-redefining-marriage, aufgerufen am 23.08.2021.

6 Hier nur ein Beispiel für viele: W. Bradford Wilcox, „The New Progressive Argument: For Kids, Marriage Per Se Doesn't Matter", Institute for Family Studies, 15. September 2014, https://ifstudies.org/blog/for-kids-marriage-per-se-doesnt-matter-right, aufgerufen am 23-08.2021.

7 Wendell, Berry, „Sex, Economy, Freedom, and Community", in: *Sex, Economy, Freedom, and Community* (New York: Pantheon, 1993), S. 119.

8 Joe Pinsker, „How Successful Are the Marriages of People with Divorced Parents?", *Atlantic*, 30. Mai 2019.

9 Pinsker, ebd. Hervorhebung in dem Zitat von T. Keller.

10 Linda J. Waite et. al., „Does Divorce Make People Happy? Findings from a Study of Unhappy Marriages", Institute for American Values, 2002, https://www.researchgate.net/publication/237233376_Does_Divorce_Make_People_Happy_Findings_From_a_Study_of_Unhappy_Marriages, aufgerufen am 23.08.2021.

11 Joe Pinsker, „How Successful Are the Marriages of People with Divorced Parents?"

12 Paula England, „Is the Retreat from Marriage Due to Cheap Sex, Men's Waning Job Prospects, or Both?", Institute for Family Studies, 1. November 2017, https://ifstudies.org/blog/is-the-retreat-from-marriage-due-

to-cheap-sex-mens-waning-job-prospects-or-both, aufgerufen am 23.08.2021.

13 Kyle Harper, *From Shame to Sin: The Christian Transformation of Sexual Morality in Late Antiquity* (Cambridge, MA: Harvard University Press, 2016), S. 86. Vgl. dort das ganze Kapitel 2: „The Will and the World in Early Christian Sexuality", S. 80–133.

14 Courtney Sender, „He Asked Permission to Touch, but Not to Ghost", *New York Times*, 7. September 2018.

15 Ebd.

16 Ebd.

17 Zitiert in: Carolyn Kaufman, „Why Finding a Life Partner Isn't That Simple", *Psychology Today*, 20. April 2013.

18 Zitiert nach LUT.

19 Zitiert nach LUT.

20 Achtung: Diese Hinweise gelten auch dann, falls Sie (was wir nicht hoffen, da es keine gute Vorbereitung für die Ehe ist) vor der Ehe schon „zusammengelebt" haben. Vgl. die „Einleitung" in: Timothy und Kathy Keller, *Ehe* (Gießen: Brunnen Verlag, 2013). „Zusammenleben" ist etwas ganz anderes als Verheiratetsein. Das Wissen, dass „die Hintertür ja immer offen ist", falls es wirklich hart kommen sollte, bedeutet, dass einem die harte Arbeit erspart bleib, Beziehung zu bauen, Probleme zu lösen und Familie zu sein.

21 Anm. d. Übers.: Vgl. Timothy und Kathy Keller, Ehe (Gießen: Brunnen Verlag, 2013, Kap. 6 und Anhang

„Entscheidungskultur und Geschlechterrollen in der Ehe“.

22 Judson J. Swihart, *How Do You Say „I Love You“?* (Downers Grove, IL: InterVarsity Press, 1977). Deutsche Ausgabe: *Wie sage ich „Ich liebe dich“?* (Wuppertal: Brockhaus Verlag, 1979). Ein wesentlich bekannteres neueres Buch über das Thema ist: Gary Chapman, *Die 5 Sprachen der Liebe* (Marburg: Francke, 2018).

23 John Newton und Richard Cecil, *The Works of John Newton,* vol. 6 (London: Hamilton, Adams & Co., 1824), S. 132-133.

24 C. S. Lewis, *Was man Liebe nennt* (Basel: Brunnen, 7. Tb.-Auflage 2004), S. 125-126.

25 Zitiert nach LUT.

26 Zitiert nach LUT.

27 Zitiert nach LUT. Für eine ausführliche Behandlung des Themas „Gott als unser Ehepartner“ vgl. Raymond C. Ortlund Jr., *God's Unfaithful Wife: A Biblical Theology of Spiritual Adultery* (Downers Grove, IL: IVP Academic, 2003).

28 Zitiert nach Hoffnung für alle®, Copyright © 1983, 1996, 2002 by Biblica, Inc.®. Verwendet mit freundlicher Genehmigung von Fontis – Brunnen Basel.

29 Martin Luther, „Von der Freiheit eines Christenmenschen“, *Luther Deutsch*, hg. von Kurt Aland, Bd. 2 (Göttingen: Vandenhoeck & Ruprecht, 2. Aufl 1981), S. 257-258.

30 Vgl. das Kapitel „Leben als die Braut Christi“, in:

Francis A. Schaeffer, *Geistliches Leben – was ist das?* (Wuppertal: R. Brockhaus Verlag, 1975), S. 85-93.

31 Siehe die Diskussion bei John Murray, *The Epistle to the Romans*, einbändige Ausgabe (Grand Rapids; MI: William B. Eerdmans, 1971), S. 244 und besonders die Anmerkung 7.

32 R. T. France, *The Gospel of Matthew,* The New International Commentary on the New Testament (Grand Rapids, MI: William B. Eerdmans, 2007), S. 840-841.

33 Ebd., S. 839.

34 C. S. Lewis, *Was man Liebe nennt,* S. 68. Zum besseren Verständnis sollte man hier das englische Original konsultieren, wo die Namen der Freunde nicht missverständlich eingedeutscht sind: C. S. Lewis, *The Four Loves* (Collins-Fonatana, 1963), S. 58-59.

35 John Newton und Richard Cecil, *The Works of John Newton,* vol. 6 (London: Hamilton, Adams & Co., 1824), S. 132-133.

Timothy & Kathy Keller

Ehe

Gottes Idee für das
größte Versprechen des Lebens

288 Seiten,
gebunden mit Schutzumschlag
ISBN Buch 978-3-7655-1305-3
ISBN E-Book 978-3-7655-7568-6

„Wenn wir verliebt sind, wird unsere Ehe glücklich." „Mein Ehepartner muss meine emotionalen, sexuellen und geistigen Sehnsüchte erfüllen!" Timothy Keller ist überzeugt, dass solche Vorstellungen von Ehe in die Irre führen: „Ehe ist wunderbar, aber harte Arbeit. Ich kenne keine Ehe, die mehr als ein paar Wochen alt ist und die man als wahr gewordenes Märchen bezeichnen könnte … An manchen Tagen kommt einem die Ehe wie ein unlösbares Rätsel vor, wie ein Labyrinth, in dem man sich verlaufen hat."

Zusammen mit seiner Frau Kathy zeigt Timothy Keller, was Gott sich dabei gedacht hat, als er die Ehe erfand – erfrischend ehrlich und unsentimental, aber begeistert von Gottes wunderbarem Plan.

Timothy & Kathy Keller

Ein Jahr für unsere Ehe

365 Andachten

384 Seiten, gebunden
ISBN Buch 978-3-7655-0769-4
ISBN E-Book 978-3-7655-7606-5

Die Ehe ist die tiefste menschliche Beziehung, die es gibt. Den Ehepartner kennen und lieben zu lernen – nichts in unserem Leben könnte lohnenswerter und wunderbarer sein. Aber Ehe ist oft auch schwierig und schmerzhaft. In diesem Andachtsbuch teilen Timothy und Kathy Keller, die inzwischen seit über 40 Jahren verheiratet sind, ihren Erfahrungsschatz. Sie greifen dabei auf Gedanken zurück, die sie zuerst in ihrem Buch „Ehe – Gottes Idee für das größte Versprechen des Lebens" vorgestellt haben. Diese Gedanken werden vertieft und Meditationen zu Bibelstellen oder zu Passagen aus dem Buch „Ehe", Impulse zum Nachdenken und Gebete helfen, die gewonnenen Einsichten als Ehepaar gemeinsam im Alltag umzusetzen.

Timothy & Kathy Keller

Ein Jahr mit den Psalmen

365 Andachten

384 Seiten, gebunden
ISBN Buch 978-3-7655-0982-7
ISBN E-Book 978-3-7655-7569-3

Wer Jesus ins Herz sehen will, muss die Psalmen lesen und beten. Sie waren sein Gebetbuch: Kein anderes Buch des Alten Testaments hat er so oft zitiert, und noch am Kreuz hat er Worte der Psalmen gebetet.

Wer die Psalmen regelmäßig betet, wird merken, dass sie nicht nur auf Jesus hinweisen und er sie sich zu eigen gemacht hat. Er wird sie als eigene Gebete entdecken, die viel Raum lassen, sie mit eigenen Anliegen zu füllen.

Timothy Keller liest und betet seit zwei Jahrzehnten jeden Monat alle Psalmen, Kathy Keller hat in einer langen Krankheit gemerkt, wie das Beten der Psalmen ihr geistliche Kraft gab. Mit ihrer gemeinsamen geistlichen Erfahrung begleiten sie den Leser in einem Jahr durch alle Psalmen. Dem Psalmtext folgt eine kurze Erklärung und ein abschließendes Gebet.

www.brunnen-verlag.de